Haftung der juristischen Personen für die zum Schadenersatz verpflichtenden außerkontraktlichen Handlungen ihrer Vertreter.

Von

Dr. jur. Ernst Billmann.

München 1906
J. Schweitzer Verlag (Arthur Sellier.)

Haftung der juristischen Personen für die zum Schadenersatz verpflichtenden außerkontraktlichen Handlungen ihrer Vertreter.

Von

Dr. jur. Ernst Billmann.

München 1906
J. Schweitzer Verlag (Arthur Sellier).

Literaturverzeichnis.

Archiv für bürgerliches Recht. Band 10. 13.
Archiv für das öffentliche Recht. Band 5 S. 315 ff.
Archiv für die zivil. Praxis. Band 73.
Berendes, Delikt und Haftung der juristischen Person nach gemeinem Recht.
Bolze, Der Begriff der juristischen Person. 1879.
Brinz, Lehrbuch der Pandekten. 2. Auflage. Band 2.
Cosack, Lehrbuch des deutschen bürgerlichen Rechts. 3. Auflage. Band I.
Crome, Bürgerliches Recht. 1900.
Dernburg, Lehrbuch des deutschen bürgerlichen Rechts. 1902. Band I.
Deutsche Juristenzeitung. VII. und XI. Jahrgang.
Eck, Vorträge über das bürgerliche Recht. 1. und 2. Auflage. 1903.
Endemann, Das bürgerliche Recht des Deutschen Reichs. 9. Auflage.
Enneccerus u. Lehmann, Deutsches bürgerliches Recht. 2. Aufl.
Entscheidungen der Oberlandesgerichte in der Rechtsprechung der Oberlandesgerichte.
Entscheidungen des Reichsgerichts in Zivilsachen.
Fischer, Die nicht auf dem Parteiwillen gegründete Zurechnung fremden Verschuldens nach BGB. Eine privatrechtliche Studie. 1904.
Gareis, Kommentar zum BGB. Allgemeiner Teil. 1. Auflage.
Gerber, Grundzüge eines Systems des deutschen Privatrechts. 1895.
Gierke, Genossenschaftstheorie. 1887.
Gierke, Deutsches Privatrecht. 1895. Band I.
Gierke, Haftung des Staates und der Gemeinden für Beamte. Gutachten, herausgegeben in den Verhandlungen des 28. deutschen Juristentages. Band I S. 102 u. ff.
Gruchot, Beiträge zur Erläuterung des deutschen Rechts. Band 32, 35, 44—50.
Grünhuts Zeitschrift für das Privat- und öffentl. Recht der Gegenwart. Band 15.
Gutachtliche Aeußerungen zu dem Entwurf eines BGB., herausgegeben vom Reichsjustizamt.
Hartwig, Haftung juristischer Personen für Delikte. 1899.
Hatschek, Die rechtliche Stellung des Fiskus zum BGB. 1899.
Hellmann, Stellvertretung. 1882.
Henle-Schneider, Die bayerischen Ausführungsgesetze zum BGB. 1900.
Hölder, Kommentar zum Allgemeinen Teil des BGB. 1900.
Hölder, Natürliche und juristische Personen. 1905.
Holtzendorff, Rechts-Lexikon. 3. Auflage.
Jacubezky, Bemerkungen zu dem Entwurf eines bürgerlichen Gesetzbuchs für das deutsche Reich. 1892. S. 12.
Iherings Jahrbücher für die Dogmatik des heutigen römischen und deutschen Privatrechts. Band 35, 44.
Jung, Delikt- und Schadenverursachung, ein Beitrag &c. 1896.
Juristische Wochenschrift. 1900—1906.
Klingmüller, Die Haftung für Vereinsorgane nach dem BGB. in den Studien und Erläuterung des bürgerlichen Rechts. 1900.
Korn Alf., Deliktsfähigkeit der juristischen Personen nach dem BGB. in der Festgabe für Dr. Rich. Wilke. 1900.
Krüger Gottf., Haftung der juristischen Person für Delikte. Berlin 1901.
Laband, Staatsrecht. 3. Aufl.
Leonhard, Allgemeiner Teil des BGB. 1900.

Linckelmann, Die Schadensersatzpflicht aus unerlaubten Handlungen nach dem BGB. 1898.
Liszt, Deliktsobligationen. 1898.
Löning, Haftung des Staates aus rechtswidrigen Handlungen seiner Beamten nach deutschem Privat- und Staatsrecht. 1879.
Matthias, Bürgerliches Recht. 3. Auflage.
Meurer, Die juristische Person nach deutschem Reichsrecht. 1901.
Motive zu dem Entwurf eines BGB.
Oertmann, Bayerisches Landesprivatrecht. 1903.
Pfeiffer, Praktische Ausführungen. Band 1, 2, 3, 8.
Planck, Kommentar zum BGB. 3. Aufl.
Protokolle der Kommission für die zweite Lesung des Entwurfes eines BGB.
Rehbein, Das BGB. mit Erläuterungen für das Studium und die Praxis. 1899—1902.
Rhomberg, Körperschaftliches Verschulden. München 1899.
Saenger, Erläuterung des § 31 BGB.
Salkowski, Bemerkungen zur Lehre von den juristischen Personen. 1863.
Salkowski, Lehrbuch der Institutionen. 7. Aufl. 1898.
Scheffer, Die Theorien über das Wesen der juristischen Personen im Verhältnis zur Delikthaftung.
Schollmeyer, Das Recht der einzelnen Schuldverhältnisse. 1904.
Seufferts Archiv. 1, 3, 5, 55—60.
Seydel, Bayerisches Staatsrecht. 2. Aufl. Band I.
Staudinger, Kommentar zum BGB. 2. Aufl.
Verhandlungen des VI. deutschen Juristentages. Band 1—3.
Verhandlungen des VIII. deutschen Juristentages. Band 1.
Verhandlungen des IX. deutschen Juristentages. Band 3.
Verhandlungen des XIX. deutschen Juristentages. Band 2.
Wäntig, Haftung für fremde unerlaubte Handlung. 1875.
Windscheid-Kipp, Lehrbuch der Pandekten. 8. Aufl.
Wyß, Die Haftung für fremde culpa. 1867.
Zachariae, Deutsches Staats- und Bundesrecht. 3. Auflage.
Zeitschrift für das gesamte Handelsrecht. Band 10, 16, 30.
Zeitschrift für die gesamte Staatswissenschaft. Band 19.
Zitelmann, Begriff und Wesen der sogenannten juristischen Personen. 1873.

I.

Sowohl die Untersuchungen, die vor der Schaffung und dem Inkrafttreten des BGB. sich mit der Frage der Schadenersatzpflicht juristischer Personen für Handlungen ihrer Vertreter befaßten, als diejenigen, die unter Zugrundelegung der Vorschriften des BGB. Stellung zu diesem Thema nahmen, gelangten zu völlig sich widersprechenden Resultaten. Der eine Teil der Schriftsteller, die sich mit dieser Frage befaßten, bejahten die Deliktsfähigkeit der juristischen Personen und damit auch deren Schadenersatzpflicht, während ein anderer Teil dieselbe verneinte. Zur Begründung dieser Ansichten stützte man sich auf die Theorien über das Wesen der juristischen Person, von denen die wichtigsten und für Gesetzgebung und Praxis [1]) einflußreichsten die romanistische Fiktionstheorie (begründet von Savigny [2]) und die germanistische Genossenschafts- oder organische Theorie (begründet von Beseler, ausgebaut von Gierke [3]) sind.[4]) Die genannten Theorien bauen sich auf den Rechtssätzen und Rechtsideen zweier Rechte auf, des römischen und des deutschen Rechtes. Bevor auf die Theorien selbst und deren Folgerungen eingegangen werden kann, sind die Grundzüge der hierfür ausgebildeten Institutionen beider Rechtssysteme zu beleuchten.

Dem römischen Recht war der Begriff einer von der natürlichen wesensverschiedenen Persönlichkeit, der juristischen Person, nicht fremd geblieben, wenn er auch nicht in allen Rechtsgebieten Anwendung fand und finden konnte; denn die universitas des römischen Rechtes spielte hauptsächlich nur im öffentlichen Leben eine Rolle. Die juristische Persönlichkeit der „urbs", der Munizipien, ja auch kleinerer öffentlichrechtlicher Verbände war anerkannt.

Die juristische Person bedarf, um am Rechtsleben teilnehmen zu können, Personen, die für sie handeln können, die bevollmächtigt sind, Rechtsverbindlichkeiten für sie einzugehen. Dabei ist es nicht ausgeschlossen, daß die bezeichneten Vertreter bei ihren Handlungen, die sie im Namen und für die juristische Person ausführen,

---

[1]) BOLG. Bd. 13 S. 602: „Aus dem Umstand, daß die juristische Person als bloß fingierte Persönlichkeit nicht willens- und handlungsfähig sei."

[2]) Savigny, System des römischen Rechts. II.

[3]) Gierke, Genossenschafts-Theorie.

[4]) Die Theorie der subjektlosen Rechte (Zweckvermögen) bedarf hier einer besonderen Erwähnung nicht, da sie aufs engste mit der Fiktionstheorie zusammenhängt, und in gewissem Sinne als deren Weiterbildung angesprochen werden kann.

die Interessensphären Anderer dolos oder kulpos verletzen; in solchen Fällen handeln sie jedoch außerhalb ihrer Vollmacht — denn eine Vollmacht, die zu derartigen Handlungen ermächtigt hätte, ist ihnen nicht gegeben —, sie handeln somit nicht mehr für die juristische Person, sondern auf eigene Gefahr. In konsequenter Befolgung dieser Grundsätze lehnte daher das römische Recht eine Verpflichtung der juristischen Person zum Ersatz des Schadens, den deren Vertreter durch ihren Exzeß der Vollmacht verursacht haben, ab und ließ nur insoweit eine Klage zu, als das Vermögen der juristischen Person durch die Schadenshandlung bereichert wurde.[1] Damit war auch zugleich die Frage der Deliktsfähigkeit der juristischen Person verneint.[2]

Eine dem römischen Recht völlig entgegengesetzte Anschauung war in Deutschland im Mittelalter bis zur Rezeptionszeit vorherrschend. Im deutschen Recht bestand eine bewußte begriffliche Trennung der juristischen Persönlichkeit von der natürlichen nicht; die einer Gemeinschaft angehörenden Personen bildeten zugleich in ihrer Gesamtheit als „solche" die willensbildenden und diesen Willen ausführenden Organe; eine Folge dieser Identifizierung der Gemeinschaft mit ihren Mitgliedern war, daß Handlungen ihrer Organe, der Personen nämlich, welche die Gesamtheit durch ihre Entscheidungen vertreten, und die aus den Mitgliedern der Gesamtheit ausgewählt waren, als die ihren galten; es verstand sich daher von selbst, daß die Handlungen dieser Organismen ebenso beurteilt wurden, als die einzelner Menschen, daß also die Gemeinschaften rechtswidrige Handlungen begehen und daß die aus denselben entspringenden Rechtsnachteile über die Gemeinschaften verhängt werden können.[3] Die Gemeinschaft des deutschen Rechts, in welcher Form man ihr auch begegnen mag, muß demnach als handlungsfähig und damit auch als deliktsfähig bezeichnet werden.

Auf diesen sich völlig widersprechenden Grundlagen bauten sich die bereits oben angeführten Theorien, die Fiktions- und die

[1]) L. 4. D. de vi 43. 16, Löning, Haftung des Staates aus rechtswidrigen Handlungen seiner Beamten S. 12 ff. S. 21: „Soweit nicht eine direkte Stellvertretung von dem Rechte zugelassen worden war, was nur bei Gewährung von Darlehen und bei den Erfüllungsversprechen der Fall war, haftete die Stadt für die Handlungen nur so weit, als dieselben sich strenge innerhalb ihrer Vollmacht gehalten haben. Da diese Vollmacht aber nicht auf zu prästierenden dolus und culpa lautet, so findet auch eine Haftungsverbindlichkeit der Stadt hierfür nicht statt."

[2]) § 15. L. 1. D. de dolo malo 4. 3. kann als Beweis für die Deliktsunfähigkeit angesprochen werden und erscheint auch L. 9 § 1 D. quod metus causa 4. 2. für eine Widerlegung der hier aufgestellten Sätze nicht geeignet. Ebenso Löning S. 16. Daß auch die Praxis die Deliktsunfähigkeit der juristischen Person angenommen hat, zeigt z. B. ein Urteil des OLG. Hamburg, Seufferts Archiv Bd. 54 Nr. 209: „Nach den römischen Rechtsquellen waren juristische Personen überhaupt nicht deliktsfähig." Anderer Ansicht Zachariae in Zeitschrift für Handelsrecht Bd. 19 S. 584: „Eine unbefangene Betrachtung der Quellen des gemeinen Rechts kann eine direkte Entscheidung weder für noch gegen die Haftverbindlichkeiten des Staates enthalten."

[3]) Löning a. a. O. S. 28.

organische Theorie auf; daß sie in ihren Folgerungen zu entgegengesetzten Resultaten kamen, kann nicht Wunder nehmen. Savigny, der Urheber der erstgenannten Theorie geht davon aus, daß die juristische Person ein durch menschlichen Willen entstandenes Gebilde ist. Der Mensch allein kann Subjekt von Rechten sein [1]), „da alle Handlungen ein denkendes Wesen, einen einzelnen Menschen voraussetzen." [2]) Eine durch das Recht geschaffene, nicht menschliche Individualität besitzende Person [3]) kann nicht natürliches Subjekt von Rechten sein, wie es eben allein der Mensch ist. Ebenso wie das Recht den Begriff der juristischen Person für eine gewisse Art von Vermögens-, Rechts- oder Personenkomplexen geschaffen hat, mußte es ihm auch die Eigenschaft, Subjekt von Rechten zu sein, also die Rechtsfähigkeit, verleihen.

Im Gegensatz zur romanistischen Doktrin stellten die Germanisten die „Verbandsperson" hin als ein neben dem Menschen bestehendes Wesen. Gleich dem Menschen ist sie mit Organen ausgestattet, die ihren Willen nach außen hin zum Ausdruck bringen; die Personen, die sich in den Dienst dieser Verbandspersonen stellen, handeln nicht im eigenen Namen, oder Interesse, noch auch als Stellvertreter, sondern wie der Mensch, der mittelst seiner Organe, z. B. seiner Arme, seines Mundes, seinen Willen nach außen hin [4]) kund gibt, so die juristische Person durch diese Organe benannten Personen. Diese ist eben ein Organismus, „dessen Leben und Weben nach außen hin sich in den Handlungen seiner Repräsentanten äußert". [5]) Im Gegensatz zur Fiktionstheorie, die die Rechtsfähigkeit der juristischen Person verliehen wissen will, schöpft die Verbandsperson gleich dem Menschen aus ihrem innersten Wesen, aus sich selbst heraus die Fähigkeit, Rechtssubjekt zu sein, die Fähigkeit, einen Willen zu haben, diesen Willen durch Handlungen manifestieren zu können. [6]) Die Rechtsordnung bzw. der Staat anerkennen lediglich diese Fähigkeit. [7]) Da die juristische Person die Fähigkeit besitzt, Willenshandlungen vorzunehmen, sie also auch handlungsfähig ist, ist sie auch deliktsfähig, d. h. die Schaden

[1]) Ob die Voraussetzungen dieser Theorie richtig sind, erscheint fraglich; verfehlt ist jedenfalls die Aufstellung, daß die Menschen allein Rechtssubjekte sein können. Gleicher Ansicht Kurt Sänger, Erl. des § 31 BGB. S. 2; Scheffer, Theorien 2c. § 2.

[2]) Gierke, Genossenschafts-Theorie S. 620 Anm. 1.

[3]) Salkowski, Institutionen S. 199. Savigny, System des röm. R. II S. 315. Wäntig, über die Haftung für fremde unerlaubte Handlungen S. 3 ff.

[4]) Hartwig, Die Haftung juristischer Personen für Delikte S. 19 ff. meint zwar, daß ein derartiger Vergleich zu Unrecht angewendet wird, da er zu Mißverständnissen führen könne; welcher Art diese jedoch sind, wird aus seinen Ausführungen nicht verständlich.

[5]) Hartwig a. a. O. S. 18.

[6]) Rhomberg, Körperschaftliches Verschulden S. 113. Die juristische Person ist Rechtssubjekt für sich und durch sich.

[7]) Gierke, Deutsches Privatrecht 1 S. 469.

verursachenden Handlungen der Organe werden der Verbandspersönlichkeit als eigene zugerechnet.[1])

Wie wir gesehen haben, ist es der organischen Theorie ein Leichtes, die Deliktsfähigkeit der juristischen Person zu konstruieren. Die Folgerungen, die sich aus der Handlungsfähigkeit der Verbandsperson ergeben, sind, wenn man dieselben mit voller Konsequenz zieht, derart, daß sich berechtigte Zweifel einstellen, ob die der Theorie zugrunde liegenden Sätze auch richtig sind. Um nur Eines herauszugreifen, müßte man zum mindesten vom theoretischen Standpunkt aus, auch eine strafrechtliche Deliktsfähigkeit jeder juristischen Person, nicht bloß einer Körperschaft folgern dürfen.[2]) [3])

Es ist zwar in unserem Strafrecht eine Reihe von Handlungen mit Strafe bedroht, deren sich eine juristische Person, die ja einer Willenshandlung wenigstens nach der organischen Theorie fähig ist, sehr wohl schuldig machen kann. Beispielsweise seien genannt die Vergehen gegen das Gesetz betr. den unlauteren Wettbewerb, oder gegen das Nahrungsmittelgesetz, oder gegen § 38 des Gesetzes betr. das Urheberrecht an Werken der Literatur und der Tonkunst. Es läßt sich jedoch in der Praxis kein einziger Fall aufweisen, daß eine juristische Person als solche wegen eines Vergehens bestraft wurde und dies erscheint beinahe selbstverständlich.[4]) Aber auch die Theorie hat bis jetzt für die juristische Person diese Folgerungen aus der von ihr proklamierten Handlungsfähigkeit nicht gezogen, wenn auch Gierke[5]) die Möglichkeit eines Körperschaftsdeliktes und die Gerechtigkeit einer Körperschaftsstrafe auf philosophischem Wege begründet wissen will.[6])

---

[1]) Zu diesem Ergebnis kommen die meisten Anhänger der organischen Theorie; a. M. Liszt, Deliktsobligationen im bürgerl. Recht S. 109 und in Heft 5 der Beiträge von Bekker und Fischer S. 43 Anm. 9 1889. So auch das Reichsgericht Bd. 39 S. 183: „Man wird zu einem befriedigenden Resultat nur gelangen, wenn man anerkennt, daß die juristische Person die Handlung derjenigen Personen als die ihrigen zu vertreten hat, die verfassungsmäßig zum Handeln berufen sind.“ Aehnlich Urteil des RG. vom 8. Juli 1893. Jur. Wochenschrift 1893 S. 432.

[2]) Ob Holtzendorff, Rechtslexikon 1881 S. 564: „Korporation“ auch die strafrechtliche Deliktsfähigkeit der Korporation mit inbegriffen wissen will, und ob die Deliktsfähigkeit auch für alle anderen juristischen Personen gelten soll, erscheint fraglich; wenigstens geben seine Worte: „Auch unerlaubte Handlungen der Korporation sind an sich denkbar und können rechtliche Folgen nach sich ziehen, wie denn auch in der Tat sowohl Strafen als Schadenersatz der Korporation in alten und neueren Gesetzen vorkommen; nur ist auch hier jede Analogie zwischen der Korporation und dem einzelnen Menschen unzulässig ꝛc.“ zu Zweifeln Anlaß.

[3]) Gierke, GenTheorie S. 752 bezeichnet diese auch auf Delikte erstreckte Handlungsfähigkeit als unhaltbare Steigerung des problematischen Gedankens einer fingierten Person. Rhomberg S. 93.

[4]) Das von Gierke dem Urteil des Reichsgerichts StrS. Bd. 5 Nr. 2 untergeschobene Körperschaftsdelikt, ohne das sich die Begründung des Erkenntnisses nicht halten lasse, ist nicht im Sinne des Urteils.

[5]) Gierke, GenTheorie S. 728.

[6]) Besonders scharf bekämpft Meurer, Juristische Personen, die sog. Deliktsfähigkeit, siehe insbesondere S. 157 ff. „Die juristischen Personen sind

Wie in diesem Rechtsgebiete sich schon bei flüchtiger Betrachtung die größten Schwierigkeiten zeigen, so auch in den übrigen. Wenn wir die Voraussetzungen dieser Theorie genauer betrachten, so fallen uns drei Momente auf:

Die Voraussetzung, daß der Mensch einen Teil seiner Persönlichkeit zur Gründung einer neuen Willenseinheit auf eben diese Willenseinheit übertragen kann, muß als unrichtig bezeichnet werden. Gierke meint allerdings, daß die deutsche Persönlichkeit teilbar und übertragbar sei, weil sie keine absolute sei, während er diese Eigenschaft der römisch-rechtlichen Persönlichkeit in richtiger Würdigung der Quellen nicht zuteilen will und kann; es ist aber nicht einzusehen, warum der abstrakte Begriff der Persönlichkeit eine nationale Färbung enthalten soll, je nach dem Zweck, zu dem man ihn gebrauchen will, man ihn teilbar oder unteilbar sein läßt. Bei der Verbandsperson handelt nicht die Summe von kleinen, vom Menschen losgetrennten Willensbruchteilen, sondern es handeln die Personen, die an der die juristische Person darstellenden Gesamtheit in irgendeiner Weise beteiligt sind, in Richtung auf den Zweck derselben. Der Wille der Verbandsperson ist nichts Anderes, als ein durch eine Anzahl von Personen gefaßter Beschluß.[1])

Obwohl sich die organische Theorie in schroffen Gegensatz zur Fiktionstheorie stellt, scheint sie, wenn auch meist unbewußt, sich ebenfalls der Fiktion zu bedienen; denn jene Verbandspersönlichkeit Gierkes, die gleich einem Menschen mit Organen ausgestattet wird, ist auch nichts Anderes, als die Bezeichnung eines nur in der Vorstellung existierenden Begriffes; die Verbandspersönlichkeit ist kein Lebewesen, sie ist, wie die juristische Persönlichkeit der romanistischen Theorie, lediglich eine Fiktion.

Zu erwägen bleibt ferner, daß des Menschen Organe in ihrem Handeln abhängig sind von dem menschlichen Willenszentrum, dem Verstand; sämtliche Betätigungen sind Ausführungshandlungen eines in diesem Willenszentrum gefaßten Entschlusses; es sind, und darauf ist der hauptsächlichste Wert zu legen, keine selbständigen Handlungen der Organe.[2])

---

keine organischen Lebewesen und haben daher auch keine Organe"; ferner S. 158: „Diese Organe funktionieren nicht aus eigener Kraft, sondern sie wirken nur kraft gesetzlicher Fürsorge und mit gesetzlich umschriebenen Folgen." Ferner S. 177 ff. Gegen die Deliktsfähigkeit auch Korn, Die Deliktsfähigkeit der juristischen Personen nach dem BGB. in der Festgabe für Richard Wilke S. 185/186: „Wäre die juristische Person wirklich deliktsfähig, so müßte sie dies auch im Strafrecht sein; einen Unterschied zwischen strafrechtlichem und zivilrechtlichem Verschulden gibt es nicht, 2c." Klingmüller, Haftung für Vereinsorgane nach § 31 BGB. S. 12 ff. Windscheid-Kipp, Pandekten S. 230 ff., S. 233/34. Karlowa in Grünhuts Zeitschrift Bd. 15 1888 S. 430. Hölder, Natürliche und juristische Personen 1905 S. 352.

[1]) Vgl. Bolze, Der Begriff der juristischen Person S. 100 ff. Klingmüller a. a. O. S. 16 ff.

[2]) Vgl. Jung, Delikt- und Schadenverursachung S. 150. Die Korporation, die Stiftung . . . ist kein psychisches Willenszentrum und haben diese daher keinen Willen. Wir sind an das Persönlichkeitsdenken dieser

Ganz anders ist dies bei der Verbandsperson; die Handlungen ihrer Organe sind selbständige, sie sind es, die die Willensentschließungen fassen, nicht die juristische Person; ein die Organe lenkendes Willenszentrum wird zwar als vorhanden fingiert, ist aber nicht existent; darin beruht eben der Trugschluß von der Handlungsfähigkeit der juristischen Person, daß die Quelle der Willenshandlung und Ausführung derselben auf ein und dasselbe Subjekt, jene „Organ" genannten Personen konzentriert sind, daß also die Willensentschließung der für die juristischen Person handelnden Subjekte einem lediglich in der Vorstellung bestehenden Begriffe, der Verbandspersönlichkeit untergeschoben werden. Fassen wir die Ergebnisse vorstehender Ausführungen zusammen, so scheint es, daß man zu einem befriedigenden Resultat bei der Untersuchung über den Grund der Haftung juristischer Personen für die Deliktshandlungen ihrer Vertreter unter Zugrundelegung der das Wesen dieser Personen konstruierenden Theorien nicht kommen kann.

Die Fiktionstheorie lehnt, wie wir sahen, die Haftung, als dem Wesen ihrer fingierten Person zuwiderlaufend, völlig ab, die Theorie der Verbandspersönlichkeit dagegen tritt für die Deliktsfähigkeit und damit zugleich auch für die Haftung der zu Schadenersatz verpflichtenden Handlungen der Organe ein. Die Grundsätze, auf denen die Theorie aufgebaut ist, sind jedoch nicht derart überzeugend, daß man sich ihr ohne weiteres anschließen könnte. Zugeben wird man allerdings müssen, daß, wenn man sich mit der Handlungsfähigkeit der Verbandsperson abgefunden hat, die Begründung für jene Haftung eine außerordentlich einfache und leichte ist. Aber jene Verbandsperson ist eben kein handlungsfähiges Lebewesen!

Es fragt sich, ob nicht auf anderem Wege die Schadenersatzpflicht juristischer Personen begründet zu werden vermag.

II.

Unabhängig und unbekümmert um den Streit der Theorien suchte eine Reihe von Schriftstellern auf andere Weise eine Begründung der Haftung der juristischen Person zu geben. Wir finden schon frühzeitig derartige Versuche; so hat vor allem B. W. Pfeiffer in seinen „praktischen Ausführungen aus allen Teilen der Rechtswissenschaft" die Haftung der für unser Rechtsleben wichtigsten juristischen Person, des Staates, zu begründen versucht; ein derartiger, nur für diesen passender Versuch: der Staat hafte für Gesetzesverletzungen, die infolge des den Administrativbehörden anvertrauten Zwanges entstanden sind, schon wegen der den Untertanen dem Staate gegenüber obliegenden Subjektionsverpflichtung,

Rechtskreise sowie auch daran, ihre Vertretung mit ihnen selbst zu identifizieren, so gewöhnt, daß wir das kaum bemerken; auch ist es unzweifelhaft wahr, daß eine juristische Person nicht wollen kann.

soll hier nur erwähnt werden.[1]) Eine größere Rolle spielten die auf das römisch-rechtliche Mandats- und Institorenverhältnis aufgebauten Theorien, ferner der Gedanke von der Repräsentation[2]) durch die Stellvertreter verbunden mit einer Garantieleistung für diese — letzteres ein hauptsächlich rein staatsrechtliches Argument —, weil sie bezüglich der Schuldfrage den allgemeinen Rechtsanschauungen nicht gerade völlig widersprechende Resultate aufwiesen. Doch wurden alle diese Begründungen und zwar mit Recht abgelehnt.[3]) Daß alle diese Versuche ohne wirklich befriedigendes Ergebnis blieben, und daß sich die Theorie mit der Wirklichkeit nicht in Einklang zu setzen vermochte, hat seinen hauptsächlichen Grund darin, daß der Begriff des Schuldmoments noch nicht genügend entwickelt war. Der Satz Iherings[4]) „nicht der Schaden verpflichtet zum Schadenersatz, sondern die Schuld" zeigt am besten die in dieser Epoche vorherrschende Rechtsanschauung. Die Juristen, die ihre Rechtsbildung auf der Grundlage des römischen Rechts erhalten hatten, konnten sich nicht zu der Anschauung bekennen, daß die Pflicht Schadenersatz zu leisten auch eintreten kann, ohne daß dem Verpflichteten ein eigenes Verschulden — also ein den Schaden veranlassendes Verhalten — nachgewiesen werden konnte. Die Haftung für fremde Schuld, der wir im modernen Rechte so vielfach begegnen, war als Rechtsprinzip kaum vorhanden, geschweige denn ausgebildet. Erst einer späteren Zeit war es vorbehalten, ausgehend von den Erwägungen einer ausgleichenden Gerechtigkeit[5]) zugunsten der wirtschaftlich und auch rechtlich schwächer Gestellten, dieses Prinzip zur Anerkennung zu bringen und zwar derart, daß es als vollwertige Ursache zur Begründung einer Verbindlichkeit gelten konnte.

Damit ist für unsere Sache schon viel gewonnen, denn wenn jenes Hindernis, das uns nur eine Haftung für eigene culpa gestattete, weggeräumt ist, bestehen keine allzu großen Schwierigkeiten mehr, das Prinzip, das der Haftung der juristischen Person zugrunde liegt, aufzudecken. Die juristischen Personen, denen durch das Recht Handlungsfähigkeit, d. h. die Möglichkeit am Rechtsverkehr teilzunehmen, verliehen ist, sind angewiesen auf die Handlungen, die Willenserklärungen fremder Personen. Eben diesen Personen, die den Willen der juristischen Person nicht bloß vertreten, sondern in Wirklichkeit deren Willensäußerungen bilden,

---

[1]) Auch Zachariae, Haftpflicht des Staates in der Zeitschrift für das gesamte Handelsrecht Bd. 19 S. 630 tritt hierfür noch ein.

[2]) Siehe hierüber insbesonders die ausführlichen Darlegungen Lönings a. a. O. S. 45 ff., Zachariae S. 616–619 a. a. O., derselbe, Deutsches Staats- und Bundesrecht S. 56. Sundheim zitiert bei Pfeiffer a. a. O. Bd. III S. 383. Gerber, Grundzüge des Systems des deutschen Staatsrechtes S. 207, Verhandlungen des VIII. deutschen Juristentags S. 388, Gutachten Dr. K. v. Kißlings.

[3]) Pfeiffer a. a. O. Bd. I S. 376, Bluntschli, Gutachten, Verhandlungen des 6. deutschen Juristentages S. 46, 49 Bd. I.

[4]) Schuldmoment im römischen Recht S. 40.

[5]) cf. Loening a. a. O. S. 85 VI.

ist aber auch die Möglichkeit gegeben, durch Ausnützung der diesen Vermögens- und Rechtsgesamtheiten in meist viel größerem Maße als einem Einzelnen zustehenden Mittel in das Wirtschaftsleben Einzelner, wie der Gesamtheit tief eingreifende Handlungen vorzunehmen, und besonders durch Schadenshandlungen Vermögensverletzungen zu veranlassen, welche sie als die eigentlichen Urheber zu ersetzen nicht imstande sind; es ist natürlich, daß man versucht, den erlittenen Schaden auf denjenigen abzuwälzen, der als der eigentliche Urheber gilt.

Dieses „Prinzip der objektiven Schadensausgleichung" oder was ziemlich gleich bedeutend ist „Haftung aus dem Gefahrprinzip" darf jedoch, wenngleich es die treibende Kraft aller theoretischen Auseinandersetzungen über die Haftbarkeit der juristischen Personen ist, nicht zum Ausgangspunkt der Begründung jener Haftbarkeit gemacht werden, schon deshalb nicht, weil man leicht zu einer zu weit gehenden Ausdehnung geneigt ist.

Der eigentliche theoretische Grundsatz, der unserer Haftung zugrunde liegt, ist aber das auf der für die juristische Person notwendigen, direkten Stellvertretung fußende, auf den Grundsätzen der Billigkeit beruhende Aequivalenzprinzip.[1]) Schon Löning[2]) führt dies bei seiner Betrachtung über das kontraktliche Verschulden der Vertreter mit folgenden Worten aus: „Diese Haftverbindlichkeit beruht nicht darauf, daß der Vertreter eine unzuverlässige Person zu seinem Stellvertreter ausgewählt hat . . sie beruht vielmehr darauf, daß sie das Aequivalent ist für die erweiterte Rechtsfähigkeit, durch Vertreter Verträge abzuschließen."

Der juristischen Person ist in weitem Umfange das Recht verliehen, durch Vertreter am Rechtsverkehr teilzunehmen. Diese Personen handeln für sie in ihrem Interesse; für sie gehen sie Verträge und Verpflichtungen ein, und erfüllen auch dieselben für sie; ihre sämtlichen Handlungen sind von dem Bewußtsein getragen, für und gegen die juristische Person ihre Wirksamkeit zur Geltung zu bringen. Es ist daher nicht mehr als billig, daß die juristische Person, der eine so große Zahl von Vorteilen, wie kaum einem anderen in unserem Rechtsleben wirkenden Rechtssubjekte zuteil wird, auch die Nachteile zu tragen hat, die durch diese Stellvertretung entstehen,[3]) denn die Leiter der juristischen Person sind es, die allein erwägen, die durch Vorsatz oder Fahrlässigkeit ein Verschulden begehen; und dies Verschulden wird zugunsten Dritter der juristischen Person zugerechnet.[4])

Ein wirksames Regulativ, um der Ausdehnung einer auf solcher Grundlage aufgebauten Haftung auf Schadenersatz entgegenzu-

[1]) Vgl. Klingmüller a. a. O. S. 33. Bluntschli in den Verhandlungen des 6. deutschen Juristentages Bd. I S. 50.

[2]) Löning a. a. O. S. 19.

[3]) Vgl. Dernburg, Lehrbuch des bürgerl. Rechts S. 127, Korn a. a. O. S. 184. Die bei Hartwig S. 37, 38 a. a. O. angeführte Entscheidung des Reichsgerichts vom 13. April 1881.

[4]) Korn a. a. O. S. 185, cf. Hartwig S. 29.

treten, kann die mit dem Kausalzusammenhang in engster Berührung stehende Frage nach dem Interesse bieten. Bei dieser Haftpflicht handelt es sich darum, festzustellen, wer als Subjekt des angestifteten Schadens zu betrachten ist. Subjekt aller Schadenstiftung ist aber nicht, wie man unter Zugrundelegung der realen Verhältnisse schließen könnte, der Schädiger, sondern die die juristische Person — mag sie nun Korporation, oder Anstalt, oder sonstwie genannt werden — darstellenden Vermögens- und Rechtsgesamtheiten und die von deren Gründern gewollten Zwecke. Diesem Subjekt wird man alle die Handlungen als zu Schadenersatz verpflichtend zuzurechnen haben, welche „auf ein bestimmtes Interesse zurückzuführen sind und nicht vielmehr zu jenen gehören, die ohne das Aktivwerden dieses Interesses zu einem gewissen Prozentsatz einzutreten pflegen."[1])

Die Haftpflicht der juristischen Person beruht also, wie wir zu zeigen versuchten, nicht auf einer Deliktsfähigkeit der juristischen Person, deren fingierte Handlungsfähigkeit mehr als eine Zwangsmaßregel, denn als eine aus logischer Notwendigkeit sich ergebende Folgerung erscheint, sondern auf einem selbständigen Obligationsgrund, der durch das Aequivalenzprinzip gerechtfertigten Haftung für fremde Schuld.

Bei der Betrachtung der hier maßgebenden Vorschriften des BGB. insbesondere des § 31 wird man eine Entscheidung über die theoretische Frage, welche uns bis jetzt beschäftigt hat, kaum finden, denn ein Gesetzbuch ist nicht dazu da, den Kampf der Theorien zu entscheiden, sondern objektives Recht zu schaffen. Wohl aber läßt sich aus dem Gesetzbuch, insbesondere aus den Materialien zu demselben, erkennen, aus welchen grundlegenden Anschauungen derartige Vorschriften hervorgegangen sind. Die Motive zu dem Entwurf eines bürgerlichen Gesetzbuches (§ 46) geben in diesem Falle ein äußerst vollständiges Bild, das allerdings — und das verschweigen auch die begeistertsten Anhänger der organischen Theorie nicht — alles Andere als eine Bestätigung der genannten Theorie ergibt.[2])

Das erhellt am besten aus den Sätzen der Motive,[3]) die die juristische Person als ein zweifellos willenloses Wesen, das eine unerlaubte Handlung nicht begehen kann, darstellen. Das Aequivalenzprinzip scheint deutlich aus folgenden Worten entnommen werden zu können: „Gemäß der gegenwärtigen Vorschrift soll die Körperschaft verantwortlich sein auch für unerlaubte Handlungen, welche der Vorstand bzw. ein Mitglied desselben in Ausübung seiner Vertretungsmacht begeht. Die Vorschrift beruht auf Zweckmäßigkeitsrücksichten." Ferner „zur Begründung dieser Haftbarmachung hat man mit Recht darauf verwiesen, daß, wenn die Körperschaft

---

[1]) Jung a. a. O. § 11, ferner S. 139 ff.

[2]) So auch Klingmüller a. a. O. S. 50, Meurer a. a. O. S. 168. Windscheid-Kipp, Lehrbuch der Pandekten 1900 S. 234.

[3]) Motive I S. 102, 103.

durch die Vertretung die Möglichkeit gewinne, im Rechtsverkehr handelnd aufzutreten, ihr auch angesonnen werden müsse, die Nachteile zu tragen, welche die künstlich gewährte Vertretung mit sich bringe, ohne daß sie in der Lage sei, Dritte auf den häufig unergiebigen Weg der Belangung des Vertreters zu verweisen." Diese Stellung des Gesetzbuches ist auch in der Theorie bereits mannigfach erörtert worden, so von Korn, Jung[1]), und anderen.

Bei einer Untersuchung über den § 31 BGB. wird man sich die Frage vorzulegen haben, ob hier eine Haftung für eigene oder fremde Schuld statuiert werden wollte, mit anderen Worten, ob der Gesetzgeber dem als Regel aufgestellten Verschuldungsprinzip treu geblieben ist, oder sich, wie auch bei manchen anderen Vorschriften dem Veranlassungsprinzip zugewendet hat. Treten wir an die Betrachtung dieser Frage sine ira et studio heran, so werden wir, wie schon oben bemerkt, kaum dazu kommen, die Deliktsfähigkeit der juristischen Person als durch diese Vorschrift bewiesen, anzunehmen.[2]) § 31 BGB. ist nicht hervorgegangen aus den Wesenseigenschaften der juristischen Person, noch stützt er sich auf dieselben, sondern ist das Produkt einer normierenden, die tatsächlichen wirtschaftlichen Verhältnisse berücksichtigenden Tätigkeit, die hier der juristischen Person als Aequivalent für die große Zahl der Begünstigungen ein privilegium in peius gesetzt hat.[3]) Die Motive, deren Sätze bereits angeführt wurden, und die sonst so gerne zur unumstößlichen Auslegung des Willens des Gesetzgebers benützt werden, werden hier, da sie der organischen Theorie direkt widersprechen, als veraltet und durch die Gesetzgebung überholt, abgetan.[4]) Begründet wird „dieses Ueberholtsein" damit, daß das Gesetzbuch zwar in einem anderen Paragraph, nämlich § 32, das Wort Organ gebraucht. Daß mit diesem Argument nichts bewiesen ist, erscheint einleuchtend schon deshalb, weil der Gesetzgeber in den vorhergehenden Paragraphen, wo es auf bestimmte begriffliche Bezeichnungen ankam, dies Wort zu benützen vermieden hat, während er im § 32 unter jenem ominösen Worte alle die bereits genannten Faktoren, die für die Willensbildung in Betracht kommen, zusammenfaßt. Ein Gleiches ist auch von jenem weiteren äußerst beliebten Beweisrequisit zu sagen, daß aus dem § 26 BGB. geschöpft wird: „Der Vorstand hat die

---

[1]) Korn a. a. O. S. 184, Jung a. a. O. S. 152; Hölder, Archiv für die civilistische Praxis Bd. 73 S. 45.

[2]) Linckelmanns Worte (Archiv für bürgerl. Recht Bd. 13 S. 99): Die Deliktsunfähigkeit der juristischen Personen kann füglich bei dem gegenwärtigen Stand der Rechtsprechung in die Rumpelkammer veralteter Theorien geworfen werden, erscheinen zum mindesten übertrieben.

[3]) Vgl. Klingmüller a. a. O. S. 48.

[4]) Sänger, Erläuterung des § 31 BGB. S. 6, 7; siehe auch Gierke, Entw. eines BGB. S. 149, der aus den Motiven selbst den Sieg der organischen Theorie herauslesen möchte; indem der Entwurf einem dringenden Bedürfnis des Lebens entgegenkommt . . . bricht er in Wahrheit mit dem aus dem fiktiven Wesen der juristischen Person sich notwendig ergebenden Dogma von der Undenkbarkeit eines Körperschaftsdeliktes.

Stellung eines gesetzlichen Vertreters." Der Entwurf sagt: Der Vorstand ist gesetzlicher Vertreter. Aus dieser Änderung wird nun wieder zu Unrecht gefolgert, daß das BGB. unmöglich mehr auf dem Standpunkte der Motive stehen kann; meiner Meinung nach wollte durch die Änderung der Ausdrucksweise lediglich festgestellt werden, daß der Vorstand nicht gesetzlicher Vertreter wie z. B. ein Vormund ist,[1]) daß er aber, wenn er einmal gewählt ist, zur Vertretung kraft Gesetzes, nicht kraft Vollmacht berufen ist.

Steht man auf dem Standpunkt, daß die juristische Person des BGB. nicht deliktsfähig ist — und diese Ansicht wird von vielen Schriftstellern geteilt, so auch von Liszt[2]), dem man hinsichtlich seiner Anschauungen keine Rückständigkeit vorwerfen kann —, so muß man auch die Haftung der juristischen Person aus eigener Schuld und damit die Geltung des Verschuldungsprinzips für diesen Fall verneinen.[3]) Auch die Protokolle scheinen auf dem Standpunkt zu stehen, daß die Haftung der juristischen Person keine Haftung für eigene Schuld ist, sondern daß vielmehr die hier aufgestellten Sätze auf den Grundlagen des Veranlassungsprinzips aufgebaut sind. Die Protokolle bemerken zwar ausdrücklich, daß das Veranlassungsprinzip nicht als grundlegendes Prinzip aufgenommen sei, sondern im allgemeinen das Verschuldungsprinzip,[4]) betonen aber sofort wieder,[5]) daß von der konsequenten Durchführung des Verschuldungsprinzips aus Rücksichten der Gerechtigkeit und Billigkeit abgesehen werden müsse. Gerade jene Abweichung vom Verschuldungsprinzip finden wir bei dem Antrag 2[6]) zu dem jetzigen § 831 unter der Betonung, daß eben jener Antrag auf der Ausbildung des modernen Vertretungsgedanken beruhe und unter Hinweis auf den auf dem Veranlassungsprinzip beruhenden Art. 1384 code civil. In der Begründung für jene erweiterte Haftung wird auch auf den § 46 Entwurf I. verwiesen, mit dem Hinweis, daß jener Vertretungsgedanke und zugleich seine erweiterte Haftung dem Entwurf I nicht fremd sei, als dieser ihn .... im § 46 über die Haftpflicht der juristischen Personen anerkannt habe.[7])

Wie die Materialien, so ergibt auch § 31 BGB. selbst, besonders wenn man ihn mit den anderen, auf gleicher Rechtsanschauung beruhenden Vorschriften vergleicht, nicht eine Haftung für eigene, sondern für fremde Schuld. Entstanden ist die Vorschrift

---

[1]) Jacubezky, Bemerkungen S. 12.

[2]) Liszt a. a. O. S. 9, Staudinger, Kommentar z. BGB. S. 707, IV, Meurer a. a. O. S. 160, 178; anderer Ansicht Endemann, Lehrbuch des bürgerl. Rechts S. 203 Anm. 7, Cosack, Lehrbuch des bürgerl. Rechts S. 109.

[3]) Anderer Ansicht: Rhomberg a. a. O. S. 102, Hartwig a. a. O. S. 38, S. 60, auch Jung a. a. O. S. 156 ff., Rehbein, Das BGB. mit Erläut. für das Studium und die Praxis S. 46, Krüger a. a. O. S. 28.

[4]) Protokolle I. S. 568, Schollmeyer, Das Recht der einzelnen Schuldverhältnisse S. 219.

[5]) Protokolle I S. 569.

[6]) Protokolle I S. 600.

[7]) Protokolle I S. 600.

nicht aus dem Wesen der juristischen Personen, sondern auf Grund der auf dem Aequivalenzprinzip beruhenden Erwägungen. Die theoretische Grundlage dieser Vorschrift ist also nicht in den Eigentümlichkeiten der juristischen Persönlichkeit zu suchen, sondern in jenem Prinzip, dem wir in einer Reihe von Rechtssätzen des BGB. begegnen, und das den für den Schaden haften läßt, durch dessen Interesse die überwiegende Grundlage zu dem Schaden gesetzt ist, auf den billigerweise der unschuldig Geschädigte den erlittenen Schaden abwälzen kann. Anders wie bei § 831 BGB. erfordert der § 31 nicht eine aus einem Delikt herrührende Schädigung durch den Vertreter, wie wir kurz alle hier in Betracht kommenden Personen bezeichnen wollen, sondern lediglich eine Schadenstiftung; es gilt dem Gesetz gleich, ob auf Grund erlaubter oder unerlaubter Handlung die Schädigung stattgefunden hat. Zum Vergleich sei es verstattet, auf das Haftpflichtgesetz hinzuweisen; auch hier genügt entsprechend den Grundsätzen des Aequivalenzprinzips der entstandene Schaden, ohne daß die Frage aufgeworfen wird, ob der der Schädigung zugrunde liegende Tatbestand sich als erlaubte oder unerlaubte Handlung qualifizieren läßt. Ebenso ist es bei der Haftung der juristischen Person; und das kann nicht scharf genug betont werden, daß § 31 nicht zur Voraussetzung hat, daß der Vertreter durch eine unerlaubte Handlung den Schaden gestiftet hat, zu dessen Ersatz die juristische Person verpflichtet wird.[1])

Die Haftung der juristischen Person ist eben Haftung für fremde Schuld,[2]) wie sie dem BGB. keineswegs fremd ist — es sei nur z. B. an §§ 278, 832 erinnert — sie entstammt dem Aequivalenzprinzip, eng verbunden mit dem Gefährdungsprinzip, das mit einer Deliktshaftung unvereinbar ist. So sagt auch Korn a. a. O. S. 184: „Das BGB. selbst zeigt in seinen Bestimmungen, daß die Haftung der juristischen Person keine Deliktshaftung ist; es verlangt nicht eine widerrechtliche Handlung, ein Verschulden.“

Wir haben bisher die Haftung des Staates für zum Schadenersatz verpflichtende Handlungen seiner als Vertreter handelnden Beamten noch nicht berührt, einerseits deshalb, weil der Staat in Theorie und Praxis eine in gewissen Beziehungen gesonderte Stellung einnimmt, anderseits weil die Gründe für eine Haftung beim Staat keine anderen sind und sein können, als wie bei jeder anderen juristischen Person. Veranlassung zur Berührung dieser Frage, deren ausführlichere Betrachtung für unser bürgerliches Recht in einem späteren Teil zu folgen hat, bieten nur jene hauptsächlich staatsrechtlichen Argumente, die eine Haftverbindlichkeit des Staates negieren wollen.

Von geringerer Bedeutung scheint die Begründung zu sein, der zufolge der Staat für die unerlaubten Handlungen der ihn repräsentierenden Beamten nicht haften soll, weil dadurch das

---

[1]) **Planck**, Kommentar S. 105, **Staudinger** Bem. 10 zu § 31, **Jung** a. a. O. S. 148, **Klingmüller** a. a. O. S. 33 ff.

[2]) Siehe auch **Meurer** a. a. O. S. 179, 182, 183.

Ansehen des Staates leide, dessen Autorität durch die Möglichkeit, eine Schadenersatzklage gegen ihn richten zu können, untergraben werde. Abgesehen davon, daß der Gedanke der Repräsentation an sich unrichtig ist, wird man schwer einzusehen vermögen, warum das Ansehen des Staates leiden soll, wenn festgestellt wird, daß der Staat für den Schaden, den sein Vertreter veranlaßt, entsprechend dem Aequivalenzprinzip aufkommen soll.

Mit größerer Energie wurde gegen jene Haftung ein zweiter Grund angeführt, daß diese Staatshaftung eine zu große finanzielle Belastung bilde und daß es nicht anginge, den Steuerzahler zugunsten eines einzelnen Beschädigten zu belasten, und damit eine Art staatlicher Rückversicherung für den geringen Kreis Verletzter zu bilden.[1]) Abgesehen davon, daß diese Ueberlastung keine allzu große wäre, scheint es doch kaum anzugehen, politische oder wirtschaftliche Gesichtspunkte als ausschlaggebend zu betrachten bei einer rein theoretischen Untersuchung über den Grund der Haftbarkeit des Staates und der Gerechtigkeit einer solchen. Wie stark übrigens dieses letztere Argument bei allen theoretischen Erwägungen eingewurzelt ist, das zeigen auch die Protokolle,[2]) die eben jene finanziellen Bedenken mit als Grund anführen, für jene im Art. 77 EG. z. BGB. geschaffene Ausnahme.

Auch hier, wie bei jeder juristischen Person, gilt also der Grundsatz: die Haftung des Staates ist eine notwendige, im Recht selbst begründete.[3])

III.

Wie wir in dem vorhergehenden Abschnitte darzulegen versucht haben, ist der Grund der Haftung der juristischen Person für die Handlungen ihrer Vertreter in dem Aequivalenzprinzip zu suchen, dessen Regulativ die Frage nach dem „aktiven Interesse" bildet. Wie dieses Interesse in unserem Gesetzbuch berücksichtigt wird, auf welche Weise also die Grenzen für jene Haftung gezogen sind, wird uns nunmehr zu beschäftigen haben.

Diese Begrenzung der Haftung ist im § 31 BGB. auf doppelte Weise gegeben und zwar derart, daß, wie auch billig, nicht alle Personen, die durch ihre Handlungen in engerer oder weiterer Be-

---

[1]) Bluntschli, Gutachten in den Verhandl. des VI. Deutschen Juristentages Bd. I S. 49, 50, Primker, Verh. des IX. Deutschen Juristentages Bd. I S. 41. Dagegen von Kißling, Verhandl. des VIII. Deutschen Juristentages Bd. I S. 399, Göß, Verhandl. des IX. Deutschen Juristentages Bd. III S. 51.

[2]) Protokolle Bd. 1 S. 611. Die Kodifikation muß sich eines Eingreifens in diese Materie schon um deswillen enthalten, weil die Anerkennung der Haftpflicht . . . eine in ihrer Tragweite unabsehbare finanzielle Belastung zur Folge haben könnte.

[3]) Anderer Ansicht Löning S. 110—115, Bluntschli a. a. O. S. 49 ff., Linkelmann, Die Schadensersatzpflicht aus unerlaubten Handlungen S. 113.

ziehung zur juristischen Person stehen, dem Kreis derjenigen zugerechnet werden, für welche die juristische Person zu haften hat, und daß ferner nicht alle Handlungen der Personen, die in jenem engeren Zusammenhang mit der juristischen Person stehen, als Handlungen derselben gelten sollen. Als Personen, für deren Handlungen die juristische Person wie für eigene einzustehen hat, werden genannt: „der Vorstand, ein Mitglied des Vorstandes oder ein anderer verfassungsmäßig berufener Vertreter". Die Einbeziehung des verfassungsmäßig berufenen Vertreters in den Kreis dieser Personen ist erst ein Resultat der Beratungen der 2. Kommission,[1]) deren Mitglieder sich einstimmig für die Ausdehnung der Haftung in der bezeichneten Richtung aussprachen.

Während im allgemeinen ein Zweifel wohl kaum vorliegen kann, wer als Vorstand bzw. Vorstandsmitglied zu betrachten ist, haben schon jetzt die Worte: „der verfassungsmäßig berufene Vertreter", die bei flüchtiger Betrachtung so genau präzisiert erscheinen, eine Reihe von Kontroversen, insbesondere in der Richtung ausgelöst, wer als ein derartiger Vertreter anzusprechen ist. Diese Frage gewinnt erhöhte Bedeutung im Falle der Haftpflicht des Staates, oder der anderen öffentlich rechtlichen Verbände, denn hier wird es oft schwer sein, die richtigen Grenzen zu ziehen, da meist ein der „Satzung" entsprechendes Gesetz nicht vorliegt und man nicht alle Dienstvorschriften oder Verwaltungsorganisationen als Satzung, die in ihnen bestimmten Stellen als verfassungsmäßig berufene Vertreter im Sinne des Gesetzes ansprechen darf.

Ob es richtig ist, im Anschluß an die organische Theorie zu erklären, daß der Ausdruck „Organ" für alle jene Personen des § 31 passend wäre, erscheint mehr als fraglich.[2]) Es wäre ja sicherlich im Sinne einer einfachen Sprache des Gesetzestextes zu begrüßen, wenn ein alle Personen umfassendes Wort gewählt würde; aber „Organ" ist nicht der passende Ausdruck;[3]) der Begriff „Organ", auch wie ihn die genannte Theorie ausgebildet hat, ist ein viel zu weitgehender. Organ einer juristischen Person ist ja auch z. B. der Aufsichtsrat, die Mitgliederversammlung eines Vereins, Organ ist aber auch jede Person, die im Sinne unseres Gesetzes nur als Gehilfe zu betrachten ist. Dabei erscheint es doch außer Zweifel, daß z. B. eine Mitgliederversammlung, trotzdem sie eines der Organe ist, mit denen die juristische Person zur Welt kommen soll,[4]) als solche nicht in den Kreis der Vertreter gehört, für welche die juristische Person haftet. Dies geht aus der einfachen Erwägung hervor, daß es rechtlich belanglos

---

[1]) Protokolle Bd. I S. 521, 523.

[2]) Schloßmann in Jherings Jahrbücher Bd. 44 S. 303 spricht sich in äußerst scharfer Weise gegen die Benennung der bezeichneten Personen als Organe aus. Anderer Ansicht Preuß, ebenda S. 474.

[3]) Sänger a. a. O. S. 14 ff., Gierke a. a. O. S. 103, Rhomberg a. a. O. S. 101 Anm. 1.

[4]) Jacubezky a. a. O. S. 12.

ist, ob sich dieses nur für die innere Verwaltung der juristischen Person maßgebende Organ bei den Beschlüssen, die es satzungsgemäß zu fassen hat, einer unerlaubten Handlung schuldig macht; denn auch ein gesetzwidriger Beschluß einer Mitgliederversammlung allein bietet noch keine Handhabe für eine Schadenersatzklage gegen die juristische Person;[1]) eine Schädigung ist ja auch mit der Fassung eines derartigen Beschlusses noch nicht eingetreten. Lediglich der verfassungsmäßig berufene Vertreter — auch der Vorstand ist ein solcher — hat die Fähigkeit einen solchen Beschluß in die Tat umzusetzen, ihm also Leben zu verleihen; dies tut er vielleicht auftragsgemäß — was als lediglich interner Vorgang ihn von einer Regreßpflicht der juristischen Person gegenüber befreit — aber kraft eigener Verantwortlichkeit, kraft eigenen Willensschlusses; er allein hat zu prüfen, ob er nicht durch seine Handlungsweise die Interessen dritter Personen verletzt.

Es bleibt zu erwägen, ob der Beschluß einer Mitgliederversammlung, durch den ein verfassungsmäßig berufener Vertreter veranlaßt wird, eine nach zivilem Recht unerlaubte Handlung auszuführen, als Anstiftung für eine Schadenersatzklage gegen die juristische Person selbst auf Grund der Vorschriften des § 830 BGB. verwertet werden könnte. Faßt die Mitgliederversammlung einen derartigen Beschluß, so überschreitet sie die ihr durch die Verfassung der juristischen Person gegebenen Kompetenzen. Sie handelt in solchen Fällen nicht mehr als Mitgliederversammlung, sondern lediglich als eine Versammlung von Personen, die nicht mehr Organ der juristischen Person ist; es können daher auch nur die „einzelnen" Personen dieser Versammlung zivilrechtlich für einen entstandenen Schaden verantwortlich gemacht werden.

Diese Frage wird von Bedeutung, wenn die Mitgliederversammlung in ihrer Gesamtheit den Beschluß vollzieht, oder sich zur Ausführung derartiger gesetzwidriger Beschlüsse anderer Personen als der verfassungsmäßig berufenen Vertreter bedient, daß sie also z. B. ein Mitglied dieser Versammlung mit dem Vollzuge beauftragt. Wenn man nicht annehmen will, daß in einem solchen Falle eine stillschweigende Bevollmächtigung im Sinne des § 31 BGB. vorliegt, daß also jene Personen gleichfalls als verfassungsmäßig berufene Vertreter anzusehen wären, kann man die juristische Person nicht für schadenersatzpflichtig erklären; denn die Mitgliederversammlung hat sich nicht bloß durch jenen Beschluß, der die außerkontraktliche Schadenshandlung veranlaßte, über die Grenzen ihrer Kompetenz hinweggesetzt, sondern auch dadurch, daß sie Personen, die nicht verfassungsmäßig berufene Vertreter sind, beauftragt hat, Beschlüsse auszuführen, deren Vollzug nur jenen Vertretern zusteht. Da also die Mitgliederversammlung, die lediglich inneres Verwaltungsorgan ist, — ebenso wie der Vorstand, insoweit dieser Handlungen vornimmt, die nur

---

[1]) Anderer Ansicht Hölder, Natürl. und jur Personen S. 302.

auf die innere Verwaltung der juristischen Person Bezug haben, die nach außen hin eine Wirkung nicht äußern — sich Befugnisse angemaßt hat, die ihr nicht zustehen, hat sie nicht mehr als Organ der juristischen Person gehandelt; es kommen daher auch ihre Handlungen für eine Schadenersatzpflicht der juristischen Person nicht mehr in Betracht.

Wenn man also auch vielleicht vom strafrechtlichen Gesichtspunkte aus von einer Anstiftung des „handelnden" Vertreters sprechen kann, so bleibt dies doch für eine Schadenersatzklage ohne Belang; zivilrechtlich gilt eben nicht die Mitgliederversammlung, auch wenn sie die überwiegende Ursache für die zum Schadenersatz verpflichtende Handlung gesetzt hat, sondern lediglich der die Ausführung jenes Beschlusses veranlassende verfassungsmäßig berufene Vertreter als der Urheber jener unerlaubten Handlung; die juristische Person wird nur wegen der Handlungen dieser Personen in Anspruch genommen, nicht aber wegen der Handlungen der Mitgliederversammlung, die kein Willensorgan ist, das als solches berufen ist, nach außen hin in Wirksamkeit zu treten.[1]) Obwohl also jene Mitgliederversammlung Organ ist, gehört sie doch nicht in den Kreis der oben bezeichneten Personen. Gierke freilich meint, daß eine derartig weite Auslegung des § 31 besonders bezüglich der Beamten zulässig sei.[2]) Er konstatiert zwar, daß die Theorie sich dagegen sträubt in der zutreffenden Erwägung, daß die juristische Person dann bedeutend schlechter gestellt ist, als eine Einzelperson und meint „die Unbilligkeit stecke nicht in der Haftung der Verbandspersonen, sondern in der durch die rein individualistische Behandlung des Großunternehmens verschuldeten Nichthaftung des Einzelunternehmers".[3])

Diese hiemit de lege ferenda empfohlene entgegengesetzte Behandlung, die schon bei einigen Reichsgesetzen, z. B. dem Haftpflichtgesetz Anwendung gefunden hat, scheint jedoch sehr bedenklich; denn es geht nicht an, unter den Einzelunternehmern je nach der Größe ihres Betriebes oder ihrem Reichtum Unterschiede zu machen und dann davon die Höhe und Ausdehnung ihrer Haftung abhängen zu lassen; eine derartige, von sozialistischen, um nicht zu sagen sozialdemokratischen Prinzipien durchdrungene Haftung erscheint rechtlich als eine Ungerechtigkeit, die man zugunsten der einseitigen Durchführung einer Idee nicht proponieren soll, noch weniger aber ihre Ausführung durch die Praxis wünschen darf.

Wir sehen also, daß es nicht angeht, das Wort Organ an der bezeichneten Gesetzesstelle einzuführen, denn das würde eine Haftungserweiterung geben, wie sie als zutreffend nicht anerkannt werden kann. In erster Linie erstreckt sich die Haftung der juri-

---

[1]) Vgl. Staudinger a. a. O. Bem. 5 zu § 31; siehe auch Hölder Komm. z. BGB. (Beck) S. 147 Bem. 2, a zu § 31.

[2]) Gierke, Verhandl. des 28. Deutschen Juristentages Bd. I S. 111 ff.

[3]) Gierke a. a. O. S. 112, Lenel, D. JurZ. Bd. VII S. 12.

stischen Personen auf die Handlungen ihres Vorstandes; derselbe hat, wie bereits oben erwähnt, die Stellung eines gesetzlichen Vertreters; damit ist prägnant ausgedrückt, daß die „Vorschriften, welche die rechtliche Stellung des gesetzlichen Vertreters betreffen, auf den Vorstand Anwendung finden.“ [1]) Aber der Vorstand ist nicht gesetzlicher Vertreter, wie z. B. der Vormund, sondern er ist ein notwendiger Bestandteil des Personenkreises, der verfassungsmäßig berufen ist, für die juristische Person zu handeln, und bedarf daher entgegen jenen gesetzlichen Vertretern keine Bestellung durch Vollmachtserteilung zu rechtsgeschäftlichem Handeln, sondern mit der Wahl und Bestellung als Vorstand erwächst ihm zugleich die Befugnis für die juristische Person in tatsächlicher und rechtlicher Beziehung ohne jede, wenigstens gesetzliche Einschränkung zu handeln.[2])

Der Vorstand, der bezüglich seiner Handlungsfähigkeit für die juristische Person durch die Verfassung meist unbeschränkt ist, ist also vor allem ermächtigt, Rechtsgeschäfte jeglicher Art für diese vorzunehmen, er begründet eine Haftbarkeit der juristischen Person, wenn er sich hierbei ein zivilrechtliches Delikt zuschulden kommen läßt; auch wenn Handlungen technischer Art oder andere nicht rechtsgeschäftliche Obliegenheiten auszuführen sind, verpflichten Handlungen des Vorstands, insoweit sie Schaden verursacht haben, die juristische Person zum Ersatz.

Der Vorstand kann, wie das Gesetz in § 26 ausdrücklich anführt, aus einer oder mehreren Personen bestehen. Das Wort der Vorstand in § 31 darf also nicht so, wie Sänger [3]) meint, aufgefaßt werden, daß man hierunter ein aus einer Person bestehendes Leitungsorgan anzunehmen hat. Es unterliegt keinem Zweifel, daß auch ein mehrgliedriger Vorstand sich einer zum Schadenersatz verpflichtenden, unerlaubten Handlung schuldig machen kann, daß also die juristische Person für Handlungen, welche die Gesamtheit ihres Vorstandes in Ausführung der ihm zustehenden Verrichtungen begangen hat, wenigstens in zivilrechtlicher Beziehung aufzukommen hat. Anderseits muß darauf hingewiesen werden, daß bei einem, aus mehreren Mitgliedern bestehenden Vorstand, bei dem nur das Zusammenwirken von 2 Mitgliedern den Verein rechtsgeschäftlich verbindlich macht — ich erinnere z. B. nur an § 232 HGB. — eine unerlaubte Handlung auch nur eines Vorstandsmitgliedes — es wird z. B. bei den Vorbereitungen eines Vertrages durch Angabe unrichtiger Tatsachen, durch das diese Verhandlungen leitende Vor-

[1]) Planck, Komm. Bem. 3 zu § 26. Von Bedeutung ist dies insbesondere für die in den Bereich unserer Betrachtung nicht fallende Tätigkeit des Vorstandes und der anderen verfassungsmäßig berufenen Vertreter außerhalb der außerkontraktlichen Schadensverursachung, so z. B. bei § 278 BGB., s. außerdem Meurer a. a. O. S. 167, 168.

[2]) Ganz anders ist dies z. B. beim Vormund, der, abgesehen von seiner Vollmacht, noch in vielen Fällen besonderer Ermächtigung bedarf. Vgl. z. B. § 1821, 1822 BGB.

[3]) Sänger a. a. O. S. 20 ff.

standsmitglied der Vertragsgegner zum Abschluß des Vertrages bewogen — die juristische Person haftbar macht.[1])

Während wir bei dem Vorstand einen juristisch fest abgegrenzten und vollständig durchgebildeten Begriff vor uns haben, ist dies nicht der Fall bei dem verfassungsmäßig berufenen Vertreter. Die Auslegung desselben ist eine äußerst schwankende und tatsächlich schwierige. Denn so leicht es im allgemeinen sein wird, bei der Verfassung einer privatrechtlichen, juristischen Person sich darüber zu entscheiden, ob der Schadenstifter zu den verfassungsmäßig berufenen Vertretern gehört, so ungemein schwierig ist dies bei den öffentlichrechtlichen Korporationen, insoweit sie gemäß § 89 BGB. und Art. 77 EG. z. BGB. den Vorschriften des bürgerlichen Rechtes unterliegen. Die Schwierigkeit eine angemessene Definition zu finden, liegt darin, daß man von dem Bestreben geleitet ist, die für die juristische Person in unserem Gesetzbuch aufgestellte Haftung für fremde Schuld einer gerechten Begrenzung zu unterwerfen. Denn es geht nicht an, daß die juristische Person haften soll für alle jene Personen, welche in irgendeiner Weise für sie tätig werden.

Diese Definition kann nur gefunden werden, wenn man bei der Betrachtung der Tätigkeit jener Vertreter in Rücksicht auf die juristische Person und deren Schadenersatzpflicht jenes Prinzip des aktiven Interesses zugrunde legt, welches wir schon oben als das Regulativ der aus dem Aequivalenzprinzip hervorgegangenen Haftung bezeichnet haben.

Der Versuch, der besonders vor dem Inkrafttreten unseres BGB. in der Richtung gemacht wurde, ein Bestimmungsmoment für jene verfassungsmäßig berufenen Vertreter zu finden, daß man unterschied zwischen Personen, denen lediglich tatsächliche oder technische Ausführungen oblagen, und solchen, die für die juristische Person die Willensentschließungen faßten, also den willenbildenden Personen, muß als verfehlt bezeichnet werden, schon deshalb weil jene erste Klasse gleichfalls Willensentschließungen zu fassen hat.

So hat auch das Reichsgericht in verschiedenen Entscheidungen betont, daß die juristische Person auch für solche Personen zu haften hat, denen eine Vertretung in nur technischer Beziehung zukommt.[2])

Dieser Klasse von Auslegungsversuchen ist auch der Linckelmanns[3]) zuzurechnen. Er scheidet die Organe einer juristischen Person in Willens- und Ausführungsorgane. Letztere sind nach seiner Ansicht nicht geeignet eine Haftungsverbindlichkeit der juristischen Person zu erzeugen; erstere dagegen, wenn sich bei ihnen noch

---

[1]) Vgl. RG. Urteil vom 19. Februar 1904. Jur. Wschr. 1904 S. 167 Nr. 5. = Entscheidungen in ZS. Bd. 57 Nr. 21.

[2]) Reichsgericht Bd. 34 Nr. 27, Seufferts Arch. Bd. 53 Nr. 130, RG. Bd. 52 Nr. 9, Jur. Wschr. 1904 S. 548 Nr. 1 Urteil vom 10. Oktober 1904.

[3]) Linckelmann a. a. O. S. 116 ff.

die weitere Bedingung erfüllt, daß sie zu den in § 31 bezeichneten Personen gehören, besitzen jene Fähigkeit. Linckelmann ist jedoch in seinen Ausführungen nicht konsequent, da er kurz darauf bemerkt, daß unter „Verrichtung" rechtsgeschäftliches und tatsächliches Handeln zu verstehen ist.[1]) Für den § 31 BGB. ist diese Auslegung jedenfalls unzutreffend; das ergibt allein schon der Wortlaut desselben; denn „in Ausführung der ihm zustehenden Verrichtungen" bezieht sich offensichtlich auch auf die tatsächlichen Verrichtungen des Vertreters. Diese Ansicht finden wir auch in den Protokollen ausgesprochen; hier wird zugunsten des Antrags I zu § 46 des I. Entwurfes, der abgesehen von einigen wenigen Aenderungen in den endgültig festgestellten Gesetzestext aufgenommen wurde, betont, daß bei diesem Antrage auch die Befugnis und Verpflichtung zur Ausführung tatsächlicher Verrichtungen getroffen werden müsse.[2])

Ebenso ist in der Theorie nie ein Zweifel erhoben worden, daß unter den Begriff jener Vertretungsmacht das tatsächliche Handeln gehöre. So sagt auch Eck: „Auch gilt diese Haftung aus § 31 nicht bloß bei Handlungen, die in Ausübung der Vertretungsmacht geschehen sind, sondern auch bei Verletzungen in Ausführung tatsächlicher Verrichtungen."[3])

Größeren Erfolg hatte dagegen ein anderer Auslegungsversuch, der in früheren Entscheidungen des Reichsgerichtes inauguriert wurde.[4]) „Der Vertreter im Willen"[5]) sei es, für den allein die juristische Person nach § 31 BGB. einzustehen habe; als solche Vertreter im Willen müssen dann aber alle die Personen betrachtet werden, die selbständige Willensentschließung zu fassen haben.

Es ist jedoch zu berücksichtigen, daß man hierbei zu einer zu weitgehenden Auslegung unseres Begriffes kommt; denn als Vertreter im Willen kann man jede Person ansprechen, die in irgendeiner für die juristische Person notwendigen Beziehung eine Willensentschließung zu fassen hat und im Interesse und für die juristische Person durchführen soll. Wäre dies richtig, so käme man zu dem Resultat, daß z. B. der Hausmeister eines Vereins, der für Stiegenbeleuchtung und derartige Verrichtungen zu sorgen hat, zu jener Klasse verfassungsmäßig berufener Vertreter gehöre; tatsächlich sind auch eine Anzahl von Entscheidungen ergangen, in denen derartige Personen als verfassungsmäßig berufene Vertreter erachtet wurden; erinnert sei an die Entscheidung

---

[1]) Linckelmann a. a. O. S. 117.

[2]) Protokolle Bd. I S. 523.

[3]) Eck, Vorträge über das bürgerl. Recht herausgegeben von Leonhard 1903 Bd. I S. 59; ebenso Planck § 31 S. 105, Korn a. a. O. S. 182, Meurer a. a. O. S. 182.

[4]) RG. Bd. 19 S. 350.

[5]) RG. Bd. 39 S. 186.

des OLG. Königsberg, das einen Bahnwärter für eine unter § 31 fallende Person hält.[1])

In demselben Sinne spricht sich das Reichsgericht in einer späteren Entscheidung aus, das die Auffassung des Berufungsgerichtes für rechtsirrig hält, das ohne die Art der Bestellung eines Bahnmeisters zu prüfen, ihm den Charakter eines verfassungsmäßigen Vertreters im Sinne des § 31 zuerkannte, weil er dienstliche Verrichtungen nach selbständiger Entschließung auszuführen hatte.[2]) Es ist also nicht richtig, als „verfassungsmäßig berufenen Vertreter einer juristischen Person" jeden Menschen, dem „in Gemäßheit ihrer Verfassung für sich oder in Verbindung mit anderen irgend eine Entscheidung in ihren Angelegenheiten zusteht",[3]) anzusprechen; denn die Willensbildung allein ist noch nicht ausreichend, um eine derartige Eigenschaft zu begründen und ebenso ist es sehr wohl möglich, daß eine Person „in Gemäßheit der Verfassung" eine Entscheidung trifft und daß trotzdem die juristische Person nur nach § 831 BGB. haften wird.

Auf ähnlicher Grundlage beruht jene Deutung des verfassungsmäßig berufenen Vertreters, die dahin geht, daß eine Haftung der juristischen Person nur dann zugemutet werden könnte, wenn der Vertreter auf Grund der Satzung zu seiner Tätigkeit berufen ist, daß also jene Personen, die von den verfassungsmäßig berufenen Vertretern, insbesondere dem Vorstand angestellt und zu rechtsgeschäftlichem und tatsächlichem Handeln für die juristische Person bevollmächtigt sind, nur eine Haftung derselben nach § 831 BGB. erzeugen können. So bezeichnet auch das Reichsgericht als rechtliches Merkmal, welches jene Vertreter von den Angestellten unterscheidet, die Berufung der ersteren zur Tätigkeit innerhalb eines Geschäftsbereiches durch die Satzung der Körperschaft, beim Staat und den anderen öffentlich rechtlichen Körperschaften durch die ihre Verwaltungsorganisation regelnden Bestimmungen.[4])

Zwar ist es richtig, daß ein Teil der Personen, die infolge der Ermächtigung der verfassungsmäßig berufenen Vertreter handeln, nicht zu diesen gehören; es kann jedoch nicht scharf genug betont werden, daß Personen, die infolge der Ermächtigung eines andern handeln, dann zu den verfassungsmäßig berufenen Vertretern gehören, wenn jenen Personen die Ermächtigungsbefugnis durch die Satzung gewährt und in dieser die Bestellung solcher Personen vorgesehen ist; des weiteren müssen die Befugnisse, wenn auch nur in allgemeinen Umrissen festgelegt sein. Ist dies der Fall, so müssen jene bevollmächtigten Personen, die ihre Vertretungsbefugnis nicht aus der Satzung herleiten, bzw. aus der Be-

---

[1]) Vgl. die Entscheidung angeführt in RG. Bd. 47 Nr. 82.
[2]) RG. Bd. 53 S. 280.
[3]) Hölder, Komm. zum BGB. S. 147 Bem. 2 zu § 31.
[4]) RG. Bd. 55 Nr. 42 S. 176.

stellung in der Satzung, als verfassungsmäßig berufene Vertreter anerkannt werden.[1])

Auf gleicher Grundlage beruht jene viel zu enge Auslegung, die als dem Statut entsprechend bei den öffentlich rechtlichen juristischen Personen lediglich das Gesetz gelten läßt, während sie die Verwaltungsorganisationen, die auf Dienstvorschriften und Ähnlichem beruhen, nicht als zur Klasse „Satzung“ im Sinne des § 31 gehörig, betrachtet. Alle die Beamten, die auf Grund von nicht auf Gesetz beruhenden Organisationsbestimmungen bestellt sind, wären dann nicht als verfassungsmäßig berufene Vertreter zu erachten.

Die beiden letzterwähnten Auslegungen spielen besonders im Falle des § 89 BGB. Art. 77 EG. z. BGB. eine bedeutende Rolle; denn geht man von den erwähnten Grundsätzen aus, so kommt man zu dem für die öffentlichrechtlichen Personen allerdings sehr erfreulichen Resultat, daß fast kein Beamter verfassungsmäßiger Vertreter ist, daß lediglich die „obersten Verwaltungsspitzen“ den Grundsätzen der in § 31 aufgestellten Haftung unterworfen werden. Daß dies dem Sinne des Gesetzes völlig widersprechen würde, ist ohne weiteres klar zu ersehen.[2])

Wenn man auch anerkennt, daß den nicht auf Gesetz beruhenden Organisationsbestimmungen gleiche Kraft bezüglich der Haftung der öffentlichrechtlichen juristischen Person innewohnt, wie der Verfassung bei den privatrechtlichen, so ist doch nicht zu verkennen, daß hierin zugleich eine große Gefahr liegt, weil damit die Möglichkeit gegeben ist, einer zu weit gehenden Auslegung Geltung zu verschaffen. Daß dies besonders deutlich in der Praxis gefühlt wird, ist selbstverständlich, denn sie ist es ja, welche diesen Bestimmungen und den in ihnen liegenden Grundsätzen Kraft und Leben verleiht. Die diese Punkte berührenden Auslegungsversuche kleiden sich zum größten Teil in wohlklingende Worte ein, denen aber jede weitere Bedeutung fehlt; erinnert sei nur an die „unmittelbaren“ Willensorgane mit denen das OLG. Hamburg operiert,[3]) oder gar jene aus dem Definitionswortschatz der ältesten Staatsrechtler, wie Zachariä hervorgeholten „repräsentativen“ Organe [4]) und andere mehr.

Mehr interessiert dagegen ein vom Bayer. OberstLG gemachter Versuch schon deshalb, weil hier angestrebt ist, jenes privilegium in peius [5]), das hier die juristische Person in der Haftungsfrage genießt, möglichst zu lindern.

---

[1]) RG. Urteil vom 9. November 1905. Jur. Wschr. 1906 Heft 1 S. 8. „Der Umstand, daß der Dienstauftrag und damit die Geschäftsaufgabe nur auf den Auftrag eines Vertreters zurückzuführen ist, verleiht die Eigenschaft eines Bestellten nach § 831.

[2]) Planck a. a. O. S. 106.

[3]) Seufferts Arch. Bd. 54 Nr. 209.

[4]) RG. Bd. 47 Nr. 42 S. 168.

[5]) Lenel D. Jur.Z. Bd. 7 S. 9.

Zu erreichen sucht dies der genannte Gerichtshof dadurch, daß er die juristische Person der natürlichen gleichstellt und von letzterer ausgehend die für die juristische Person handelnden Personen als Gehilfen hinstellt, wenn sie es auch bei der natürlichen sind, und nur diejenigen als verfassungsmäßig berufene Vertreter gelten läßt, die, wären sie Vertreter der natürlichen Personen, gleichfalls unabhängig von diesen selbständige Willensentschließungen treffen können.[1]) Eine solche Gehilfenstellung ist, „in Ermangelung von Bestimmungen bei den Angestellten anzunehmen, deren Wirkungskreis bei einer auf dem Grundsatz der Arbeitsteilung beruhenden Betriebseinrichtung nicht dem Unternehmer, sondern dem Gehilfen zufällt. Mit den ihnen obliegenden Verrichtungen befaßt sich der Unternehmer nicht selbst, er richtet nicht seinen eigenen Organismus für die Ausführung dieser Verrichtungen ein, sondern er stellt dafür Bedienstete an und organisiert sie nach den Erfordernissen des Dienstes".[2])

Der Gedanke, der jener Entscheidung zugrunde liegt, daß nämlich nur der Vertreter sein kann, der, wenn auch nicht in allen, so doch in einer oder einzelnen Beziehungen in Rücksicht auf die juristische Person selbständige Entschließungen zu fassen berufen ist, der sich also, wie Klingmüller[3]) verlangt, in einer gewissen selbständigen und superioren Stellung befinden soll, kommt auch in anderen Entscheidungen zum Vorschein. Es sei nur an das Urteil des Reichsgerichtes vom 30. Dezember 1904 erinnert, das nach den Funktionen, die der einzelne zu erfüllen hat, dessen Stellung zur juristischen Person beurteilt und ihn, selbst wenn er in der Verfassung erwähnt ist, trotzdem nicht als verfassungsmäßig berufenen Vertreter gelten lassen will, wenn seine Tätigkeit eine nur untergeordnete ist.[4])

Aber auch dies Merkmal der Selbständigkeit der einzelnen Personen in ihren Handlungen für die juristische Person kann als richtig nicht erachtet werden; denn der Begriff der Selbständigkeit bzw. seines Gegenstückes, der Unterordnung ist ein derartig relativer und unbestimmter, daß er sich nicht als Kriterium für die Entscheidung einer solchen Frage eignet. So hat auch das Reichsgericht darauf hingewiesen, daß es nicht angeht, alle die Personen als verfassungsmäßig berufene Vertreter gelten zu lassen, die in dem ihnen „zugewiesenen Geschäftskreis selbständige Entschließungen zu fassen" berechtigt sind.[5])

Es kommt also nicht darauf an „welcher Art die Tätigkeit ist,

---

[1]) Linckelmann a. a. O. S. 116.

[2]) Bayr. OberstLG. Bd. III S. 33.

[3]) a. a. O. S. 42.

[4]) Jur. Wschr. 1904 S. 165 Nr. 3; Urteil des RG. vom 27. Februar 1900 bei Gruchot Bd. 44 S. 717.

[5]) Seufferts Arch. Bd. 57 Nr. 234 S. 436.

die den Beamten zugewiesen ist, ob sie selbständige Entschließungen und Verfügungen umfaßt.[1])

Das Resultat dieser mehr oder weniger einseitigen Auslegungsversuche des Begriffes „verfassungsmäßig berufene Vertreter“ ist ein wenig erfreuliches;[2]) dies zeigt sich insbesondere bei der Haftung der öffentlichrechtlichen juristischen Personen, denn die Zweifel, ob die Personen, die für die juristische Person handeln, unter § 31 fallen, tauchen bei jedem Fall von neuem auf; es bedarf daher fast bei jeder Klasse derartiger Personen, insbesondere Beamten, meist eines oberstrichterlichen Erkenntnisses zur Entscheidung über einen einzelnen Fall, ohne daß man zu einer endgültigen Lösung der Frage nach dem Grundbegriffe käme.

Welche Eigenschaften müssen nun jenen Personen innewohnen, damit sie als verfassungsmäßig berufene Vertreter der juristischen Person gelten können? Die wichtigste Voraussetzung ist die Berufung, sei es durch die Satzung selbst, oder die an ihre Stelle tretende Verwaltungsorganisation bei den öffentlichrechtlichen juristischen Personen zu einer organisatorisch geregelten Dienstaufgabe. Jene Berufung kann eine ausdrückliche sein, wie dies meist beim Vorstand und seinen Mitgliedern der Fall sein wird; sie kann aber nur allgemein vorgesehen werden, derart, daß ein solch ausdrücklich verfassungsmäßig berufener Vertreter die Ermächtigung hat, andere Personen mit der Vollmacht auszustatten, die ihnen die Macht verleiht, für die juristische Person so zu handeln, daß dieselbe auch für die Schädigungen, die sie veranlassen, aufzukommen hat. Aber nicht jede Vollmachtserteilung verleiht diese Eigenschaft.

Notwendig ist nicht allein, daß die Möglichkeit der Vollmachtserteilung vorgesehen ist, was ja meistens der Fall sein wird, da der Geschäftskreis des bevollmächtigenden Vertreters, mithin auch die höchst wichtige Befugnis zur Vollmachtserteilung, in der Satzung bestimmt sein muß; notwendig ist vor allem, daß die Satzung die Bestellung vorsieht, zugleich unter Festlegung eines Geschäftskreises, d. h. der Grenzen, innerhalb welcher jene erst zu bestellende Person tätig werden soll. Das ist der große Unterschied, der den verfassungsmäßig berufenen Vertreter von den übrigen Gehilfen scheidet, daß er die Kraft und die Befugnis zu den Handlungen innerhalb seines Geschäftsbereiches aus der Verfassung selbst schöpft, daß er zwar beauftragt ist von „anderen“ verfassungsmäßig berufenen Vertretern in einem bestimmten Geschäftskreise tätig zu werden, daß aber diese Tätigkeit nicht durch den erteilten Auftrag, der dem Beauftragten nicht die Eigenschaft eines Vertreters im Sinne des § 31 BGB. verschaffen würde, geregelt wird, sondern lediglich durch die Verfassung; denn „das rechtliche Merkmal, welches jene Vertreter

[1]) Seufferts Arch. Bd. 59 Nr. 27 S. 49 ff; vgl. außerdem RG. Bd. 53 S. 279, Staudinger a. a. O. Bem. 6 zu § 31.

[2]) Vgl. Gierke, Verhandl. a. a. O. S. 114 ff.

von den Angestellten unterscheidet, ist die Berufung der ersteren zur Tätigkeit innerhalb eines Geschäftsbereiches durch die Satzung der Körperschaft, beim Staat ...... durch seine die Verwaltungsorganisation regelnden Bestimmungen."[1])

Wer also den Anordnungen eines anderen verfassungsmäßig berufenen Vertreters untergeordnet ist — nicht wer eine untergeordnete, wenn auch vielleicht selbständige Tätigkeit hat — der kann nie, auch wenn seine Bestellung in der Verwaltungsorganisation der juristischen Person vorgesehen ist, als verfassungsmäßig berufener Vertreter gelten. Gegen die juristische Person wird also in solchen Fällen eine Schadenersatzpflicht aus § 31 BGB. nicht hergeleitet werden können, selbst dann nicht, wenn, wie bereits erwähnt, jene Handlungen des nicht verfassungsmäßig berufenen Vertreters äußerlich den Charakter völliger Selbständigkeit tragen, wenn also der Angestellte Handlungen vornehmen kann, durch welche die juristische Person in der Weise verbindlich gemacht wird, wie es sonst nur durch einen verfassungsmäßig berufenen Vertreter geschehen kann. Uebernimmt also z. B. der Hausmeister eines Vereins die Aufbewahrung von Gegenständen, für deren richtige Aufbewahrung der Verein haftet, so kann dieser nie auf Grund des § 31 BGB. für schadenersatzpflichtig erklärt werden; eine Schadenersatzklage könnte nur aus dem Verwahrungsvertrage selbst, bzw. aus § 831 oder 278 BGB. begründet werden; denn jener Hausmeister ist lediglich Vermittler bei dem Vertragsabschluß; als Gegenkontrahent kommt lediglich die juristische Person — das ist in unserm Falle der Verein — also deren verfassungsmäßig berufene Vertreter in Betracht, die jenen Hausmeister auf Grund der ihnen zustehenden Vertretungsmacht zum Abschluß der Verwahrungsverträge generell ermächtigt haben. So führt auch das bereits oben erwähnte Urteil des Reichsgerichtes vom 9. November 1905 aus, daß lediglich „der Umstand, daß der Dienstauftrag und damit die Geschäftsaufgabe nur auf den Auftrag eines Vertreters zurückzuführen ist, die Eigenschaft eines Bestellten nach § 831 BGB. verleiht". Es kommt also nicht auf die Selbständigkeit der Willensentschließungen, es kommt nicht auf die Art der Tätigkeit, d. h. ob der Vertreter rechtsgeschäftliche oder nur tatsächliche Verrichtungen auszuführen hat, an, sondern lediglich darauf, daß die Berufung zur Tätigkeit, sowie diese selbst ihren einzigen und vollen Rückhalt in der Verwaltungsorganisation findet. Bei den öffentlichrechtlichen juristischen Personen kommt es dabei nicht darauf an, auf welcher Art von Vorschriften diese Organisation beruht; grundsätzlich muß jede Vorschrift, sei es gesetzliche, sei es auf Ministerialentschließungen oder ähnlichen Verordnungen beruhende Dienstanweisung als geeignet erachtet werden, ein der Satzung äquivalentes Gebilde darzustellen; auszunehmen

---

[1]) **RG. Bd. 55 Nr. 42 S. 174, 176, 177; vgl. ferner RG. Bd. 62 S. 31 ff., Urteil des RG. vom 9. November 1905 in der Jur. Wschr. 1906 Heft 1 S. 8; Planck a. a. O. S. 105, Korn a. a. O. S. 181.**

sind aber jene Dienstvorschriften, die Beziehungen der Beamten zu dem Publikum, also den dritten Personen, die das Objekt einer Schädigung sein können, nicht berühren, sondern lediglich Anordnungen des inneren Dienstes betreffen.[1] [2]

Fraglich ist, ob auch der noch als Vertreter angesehen werden kann, der in seinen Entschließungen nicht völlig unabhängig ist, sondern der Beschlüsse von Organen der juristischen Person, z. B. einer Mitgliederversammlung auszuführen hat, oder der unter der mehr oder weniger strengen Kontrolle solcher Organe steht. Die Frage ist nach den oben ausgeführten Grundsätzen zu bejahen; ebenso wie dem Vorstand, wenn er Beschlüsse eines Organs der juristischen Person ausführt, dadurch nicht die Eigenschaft eines verfassungsmäßig berufenen Vertreters genommen wird, so auch nicht dem „anderen verfassungsmäßig berufenen Vertreter"; nur dürfen solche Organe nicht selbst Vertreter der geschilderten Art sein, nicht solche Organe, die mit der Außenwelt in Berührung treten, sondern lediglich Bestandteile, wenn auch vielleicht die maßgebendsten Faktoren der Willensbildung des inneren Organismus. Zweifel kann noch der Fall bieten, daß eine Person zu einer einzigen Verrichtung, z. B. zum Bau eines Hauses unter denselben Voraussetzungen bestellt wird, wie jeder andere verfassungsmäßig berufene Vertreter; auch hier wird man zu der Entscheidung kommen müssen, daß der für diese Verrichtung Bestellte zu den unter § 31 BGB. fallenden Personen gehört; fehlt aber irgendeine dieser Vorbedingungen, so haftet die juristische Person für etwaige Schädigungen nur nach § 831 BGB.[3]

Die Handlungen der verfassungsmäßig berufenen Vertreter sind es also allein, welche die Fähigkeit besitzen, eine Haftpflicht der juristischen Person zu erzeugen; aber auch hier hat das Gesetz mit den Worten „in Ausführung der ihm zustehenden Verrichtung" einer allzu weiten Ausdehnung der Haftung eine Grenze gesteckt.

Der erste Entwurf zum BGB. hat eine viel engere Begrenzung der Haftung der juristischen Person für die Handlungen ihrer Vertreter vorgesehen, da hier die Schadenersatzpflicht nur eintreten sollte, wenn die Handlung „in Ausübung der Vertretungsmacht" erfolgt sei. Demgemäß würde eine Haftung für Handlungen, die in Ausführung tatsächlicher Verrichtungen erfolgt sind, nicht eintreten. Diese Fassung wurde auch in den Kommissionsberatungen als nicht richtig, insbesondere als viel zu eng erkannt. Es wurde insbesondere von dem Antragsteller des Antrags I betont, „daß die Fassung des Entwurfes zu eng sei, weil der letztere unter Vertretungsmacht die Macht der Vertretung in rechtsgeschäftlichem Handeln verstehe, während hier auch die Befugnis und Verpflich-

---

[1]) Erinnert sei z. B. an die Verpflichtung des Standesbeamten oder des Gemeindewaisenrates zur Anzeige des Bedürfnisses einer Vormundschaft.

[2]) Vgl. Fels in Gruchot Bd. 35 S. 42.

[3]) Sänger a. a. O. S. 27; anderer Ansicht Klingmüller a. a. O. S. 43, der eine „nicht bloß vorübergehende" Beziehung verlangt.

tung zur Ausführung tatsächlicher Verrichtungen getroffen werden müsse.[1]) Auch bei den Beratungen über den § 831 BGB. wurde gleichfalls festgestellt, daß es sich nicht bezweifeln lasse, „daß der gesetzliche Vertreter nicht bloß zur Vornahme von Rechtsgeschäften berechtigt sei, sondern bei der ihm obliegenden Vermögensverwaltung auch tatsächliche Verfügungen treffen könne".[2])

Der bestimmte Ausdruck des Gesetzes hat in dieser Beziehung jegliche Zweifel über die Auslegung unterdrückt; auch Theorie und Praxis sind völlig übereinstimmend, daß unter Verrichtung Handlungen tatsächlicher, sowie rechtsgeschäftlicher Natur zu verstehen seien.

Die Ursache der Schädigungen, die in widerrechtlicher Weise durch die verfassungsmäßig berufenen Vertreter einem Dritten zugefügt werden, können Unterlassungen, können fahrlässige, können dolose Handlungen sein. Vor Einführung des BGB. wurde ganz besonders von der Doktrin verneint, daß eine juristische Person für die dolose Handlung ihres Vertreters haftbar gemacht werden könne.[3])

Begründet wurde dies damit, daß die juristische Person, die ja zugleich eine moralische sei, sich niemals einer dolosen Handlung schuldig machen könne, daß der Mißbrauch, den ihr Vertreter mit der ihm zustehenden Macht treibe, ihr nicht zugerechnet werden könne, daß insbesondere der Staat nicht für eine derartige Handlung seiner Beamten zum Schadenersatz verpflichtet sei. Der Vertreter einer juristischen Person habe nur in den Grenzen der ihm erteilten Vollmacht zu handeln, er überschreite aber diese Grenzen durch seine dolose Handlung, da er zu einer solchen niemals ermächtigt ist, noch sein kann. Allerdings ist es richtig, daß ein Vertreter nicht zu einem solchen Handeln bevollmächtigt ist, allein die juristische Person muß den Anforderungen des Aequivalenzprinzips entsprechend die geringen Nachteile auf sich nehmen, die übrigens durch jenes Privilegium, daß sie durch Vertreter am Rechtsverkehr teilnehmen kann, reichlich aufgewogen werden, nämlich die Nachteile, die dadurch entstehen, daß den für sie handelnden Personen eine Macht zugeteilt wird, ein „Können zum Handeln, das weit über das Dürfen gehen kann".[4])

Die Möglichkeit des Mißbrauches der dem Vertreter übertragenen Gewalt, die Möglichkeit, daß die Zwecke, die die juristische Person kraft ihrer Verfassung verfolgt, mit unlauteren Mitteln durch jene Vertreter erreicht werden wollen, kann nicht ausgeschlossen werden. Es ist nicht mehr als billig, daß jene juristischen Personen, in deren Interesse die Handlungen vorgenommen werden, die Folgen der Delikte ihrer Vertreter zu tragen haben.[5])

---

[1]) Protokolle Bd. I S. 523.

[2]) Protokolle Bd. II S. 606.

[3]) Vgl. z. B. Seufferts Arch. Bd. 42 Nr. 96. Urteil des OLG. Hamburg vom 19. April 1886.

[4]) Gierke, Gen.-Theorie S. 755.

[5]) Ebenso Sänger S. 32, 33; anderer Ansicht Fischer, Die nicht auf

Der Vertreter der juristischen Person kann aber nicht nur in Verfolgung doloser Zwecke einem Dritten Schaden zufügen, er kann auch durch Fahrlässigkeit eine die juristische Person zu Schadenersatz verpflichtende Handlung begehen. Ebensowenig, wie in dem oben besprochenen Falle, liegt hier ein Grund vor, die Haftung der juristischen Person wegen solcher zivilrechtlicher Delikte der verfassungsmäßig berufenen Vertreter auszuschließen, sie hat vielmehr auch hier für deren Verschulden einzutreten.

Der juristischen Person sind durch die Rechtsordnung nicht nur Rechte verliehen. Als rechtlich wirkendem und anerkanntem Rechtssubjekte sind ihr dieselben Grenzen gezogen, wie dem natürlichen Rechtssubjekte, dem Menschen. Wie diesem, so sind auch der juristischen Person mit den Rechten auch Pflichten auferlegt, für deren Wahrnehmung die Vertreter der juristischen Person verantwortlich sind. Durch eine, sei es dolose, sei es fahrlässige Verletzung dieser Pflichten — also die Unterlassung zu gebotenem Handeln — seitens der Vertreter, können Rechte dritter Personen beeinträchtigt, hiemit eine Schadenersatzpflicht erzeugt werden. Das Gesetz selbst spricht nur von Verrichtungen, also Handlungen, während im ersten Entwurf ausdrücklich hervorgehoben war, daß die widerrechtliche Handlung ebensogut auch in einem Unterlassen bestehen könne. Die Unterlassung ist ja, wie ausgeführt, nichts anderes als ein negatives Handeln, d. h. der verfassungsmäßig berufene Vertreter handelt nicht, obwohl es ihm gesetzlich vorgeschrieben ist und verletzt durch sein passives Verhalten die dadurch zum Schadenersatz berechtigten Personen. Auch das Reichsgericht hat sich in seiner Entscheidung vom 30. Oktober 1902 [1]) für die Einbeziehung der Unterlassungen in jenen Kreisen zu Schadenersatz verpflichtenden Handlungen mit folgenden Worten ausgesprochen: „Daß grundsätzlich nach dem Sinne des BGB. auch eine Unterlassung möglicherweise für einen Schaden verantwortlich machen kann, ergibt sich schon eben aus dem Absatz II des § 823, insofern der Inhalt eines Schutzgesetzes in dem Auferlegen einer positiven Pflicht bestehen kann, wogegen dann durch eine Unterlassung verstoßen werden würde.“ [2])

Bei dieser Betrachtung über die zu Schadenersatzpflicht veranlassenden Handlungen bleibt noch zu erörtern, ob allein die widerrechtliche oder auch eine nicht widerrechtliche Handlung die Schadenersatzpflicht einer juristischen Person zu begründen vermag. Die Materialien unseres BGB. geben uns reichlichen

---

den Parteiwillen gegründete Zurechnung fremden Verschuldens S. 83; Hölder im Arch. für zivilistische Praxis Bd. 73 S. 45; sein im Kommentar zu § 31 unter Bemerkung 3 angeführtes Beispiel widerspricht jedoch der hier geäußerten Anschauung.

[1]) RG. Bd. 52 Nr. 98 S. 373 ff., 376.

[2]) Ebenso RG. in Gruchot Bd. 44 S. 715, Urt. vom 27. Februar 1900; RG. in der Jur. Wschr. 1905 S. 487, hier wird die Möglichkeit einer Unterlassung als selbstverständlich angenommen. RG. in der Jur. Wschr. 1904 S. 284 Nr. 3. ROLG. Bd. 9 S. 21, Urt. d. OLG. Dresden. Sänger a. a. O. S. 46; Hölder, Komm. Bem. 3 zu § 31; Staudinger a. a. O. Bem. 8.

Aufschluß. Die Anträge, insbesondere Antrag VI, die zum § 46 des Entwurfes I in der Kommission gestellt wurden, lassen deutlich die Absicht erkennen, die Haftung der juristischen Person auch auf nicht widerrechtliche Handlungen zu erweitern, und die Protokolle der Kommissionsberatungen verzeichnen das Einverständnis der Kommissionsmitglieder mit der Ausdehnung der Haftung in dieser Richtung.[1])

Diese Erweiterung der Haftung, die nur auf Grund des Veranlassungsprinzip gerechtfertigt werden kann, ist auch im BGB. beibehalten worden. Zum Schadenersatz kann also auch eine Handlung verpflichten, bei der dem sie veranlassenden Vertreter eine Schuld nicht nachgewiesen zu werden braucht; es wird nur verlangt, daß die Handlung zum Schadenersatz verpflichtet; daher verpflichtet auch eine Selbsthilfehandlung des verfassungsmäßig berufenen Vertreters, selbst wenn sie in rechtlich korrekter Form geschehen ist, die juristische Person zum Schadenersatz.[2])

Wie oben dargetan, kommt es lediglich auf das Vorhandensein eines Schadens, den ein verfassungsmäßig berufener Vertreter innerhalb seines Geschäftskreises verursacht hat, an; es ist also rechtlich für die Beurteilung des einzelnen Falles ohne Belang, welcher von jenen Vertretern den Schaden veranlaßt hat. Für die Konstatierung der Ersatzpflicht der juristischen Person genügt das Vorhandensein eines Schadens und die Tatsache, daß dieser Schaden von einem Vertreter verursacht wurde. So hat auch das Reichsgericht[3]) die Angabe des Namens eines Beamten, dem eine Unterlassung zur Last fiel, für die Haftpflicht der juristischen Person als ohne Belang erklärt und von derselben Ansicht ist auch das Urteil des gleichen Gerichts vom 13. Oktober 1904 getragen, daß nämlich in der Anklagebegründung nicht verlangt werden kann, daß diese das Verschulden eines bestimmten, verfassungsmäßigen Vertreters . . . . nachweist, wenn das Verschulden irgend eines solchen Vertreters . . . . vorliegt".[4])

Es bleibt noch eine Voraussetzung zu erörtern übrig, die den Kreis jener Bestimmungen schließt, von deren Vorhandensein die Haftpflicht der juristischen Person abhängig ist. Die schädigende Handlung eines verfassungsmäßig berufenen Vertreters muß nämlich „in Ausführung" der ihm zustehenden Vertretungsmacht erfolgt sein. Der verfassungsmäßig berufene Vertreter darf die Schadenshandlung also nicht „bei Gelegenheit" der Erfüllung seiner Funktionen vollführt haben.

---

[1]) Prot. Bd. I S. 527; Wäntig a. a. O. S. 59, 60.

[2]) Staudinger a. a. O. Bem. 10: Meurer a. a. O. S. 182; Fischer a. a. O. § 14, dessen objektive Widerrechtlichkeit wohl nichts anderes ist, als der von uns verlangte Tatbestand des vorhandenen Schadens; Klingmüller a. a. O. S. 47.

[3]) Jur. Wschr. 1904 S. 55 Nr. 3.

[4]) Gruchot 1905 Bd. 49 S. 637.

Dieses Prinzip sprechen schon die Motive bei der Begründung der §§ 711, 712 des Entwurfs,[1]) des jetzigen § 831, mit folgenden Worten aus: „Die Haftpflicht erfordert hiernach eine in Ausführung der Verrichtungen begangene unerlaubte Handlung. Zu weit wäre die Auferlegung der Haftung für die bei den Verrichtungen oder bei Gelegenheit derselben begangenen unerlaubten Handlungen; es würden hierdurch Fälle hineingezogen, in welchen die Haftung des Auftraggebers in hohem Maße bedenklich wäre.“ [2])

Erste Voraussetzung, daß die Handlung als in Ausführung der dem Vertreter zustehenden Verrichtung begangen, erachtet werden kann, ist, daß derselbe innerhalb seiner Zuständigkeit, d. h. innerhalb des ihm zugewiesenen Geschäftsbereiches gehandelt hat. Ein Vertreter kann eine Schadenersatzpflicht der juristischen Person nicht begründen, wenn er Handlungen ausführt, die ihm verfassungsgemäß nicht zustehen;[3]) so ist insbesondere die öffentlich rechtliche juristische Person gemäß §§ 89, 31 BGB. für die Handlungen ihres Beamten, wenn er dieselben begangen hat, indem er sich eine ihm nicht zukommende Zuständigkeit anmaßte, nicht verantwortlich; außerhalb seines Zuständigkeitsbereiches handelt aber ein Beamter nicht, so lange er „in der Amtstätigkeit begriffen ist“, wenn also „seine Tätigkeit mit einer Handlung, die er kraft der ihm übertragenen Amtsgewalt vorzunehmen hat, in engster Berührung steht“. [4])

Aber selbst wenn der verfassungsmäßig berufene Vertreter innerhalb der Grenzen seines Geschäftsbereiches handelt, müssen jene Schädigungen ausscheiden, die bei Gelegenheit der Ausführung entstanden sind. Diese Ausscheidung wird man unter Zugrundelegung jenes Kriteriums des aktiven Interesses wohl am besten vornehmen können, um die Fälle der Haftung der juristischen Person von denen trennen zu können, in denen der Vertreter allein für den Schadenersatz aufzukommen hat. Eine Haftverbindlichkeit der juristischen Person wird man dem genannten Prinzip entsprechend, ablehnen müssen, wenn ein Kausalzusammenhang zwischen den Zwecken der juristischen Person und der Schädigung nicht konstruiert werden kann, wenn zwar dem Schadenstifter die Möglichkeit jene Handlung auszuführen, durch seine Vertretungsmacht geboten war, wenn aber die Motive zu jenem Handeln nicht aus dem überwiegenden Interesse der juristischen Person resultieren.[5]) Läßt man sich bei der Entscheidung dieser Frage von den oben ange-

---

[1]) Motive S. 736.

[2]) Ebenso Staudinger a. a. O. Bem. 9; Planck a. a. O. S. 106; Hölder a. a. O. Bem. 3: „in der Ausführung der ihm zustehenden Verrichtung hat der Vertreter gehandelt, wenn er gehandelt hat in der Angelegenheit, deren Besorgung ihm zusteht“. Enneccerus und Lehmann, Das bürgerl. Recht, II. Aufl. 1901 S. 98; Rehbein a. a. O. S. 46.

[3]) Wäntig a. a. O. S. 23, Rehbein a. a. O. S. 34.

[4]) Urt. d. OLG. Dresden in ROLG. Bd. IX S. 20 ff.

[5]) Auf ähnlichen Erwägungen beruht das Urt. d. OLG. Hamburg, ROLG. Bd. VIII S. 14.

führten Grundsätzen leiten, so kann man das von Hölder [1]) angeführte Beispiel nicht als richtig anerkennen. Ein Vereinsarzt, der dolos aus rein persönlichen Motiven statt eines Heilmittels Gift eingibt, handelt nur bei Gelegenheit der Ausführung seiner Tätigkeit und nicht wie Hölder ausführt „in Ausführung" derselben. Es kann dieser Fall nicht anders entschieden werden, als der gleichfalls von ihm angeführte Fall, daß der Arzt einen Kranken infolge der ihm durch seinen Beruf gebotenen Gelegenheit bestiehlt. In beiden Fällen sind die Motive zu jenem Handeln nicht aus dem überwiegenden Interesse an den Zwecken der juristischen Person entstanden.

Anders wäre dagegen zu entscheiden wenn der Vereinsarzt durch einen sogenannten Kunstfehler den Tod des ihm anvertrauten Kranken herbeiführen würde. Hier handelt der Arzt unzweifelhaft in Ausführung der ihm verfassungsmäßig übertragenen Tätigkeit, es ist also die juristische Person in einem derartigen Falle zur Schadenersatzpflicht heranzuziehen, selbst wenn der Arzt in doloser Weise jenen Fehler begeht. Hier besteht aber noch jene enge Beziehung zwischen dem Vergehen des Arztes und seiner verfassungsmäßigen Tätigkeit, während bei dem ersten der drei angeführten Fälle durch die völlig selbständige Handlungsweise jener Zusammenhang, der die Schadenersatzpflicht der juristischen Person entstehen läßt, wegfällt.

Man könnte vielleicht zu der Ansicht gelangen, daß unter Zugrundelegung jenes Prinzips des aktiven Interesses eine Haftpflicht der juristischen Person für eine dolose Handlung oder Unterlassung ihres verfassungsmäßig berufenen Vertreters nie eintreten könne. Das ist aber keineswegs der Fall; als Beispiel einer solchen Haftungsverbindlichkeit sei an jenen bekannten Fall der Kasseler Trebergesellschaft erinnert; hier haben die Vorstandsmitglieder in Ausführung der ihnen zustehenden Vertretungsmacht dolos gehandelt, hier war das Motiv ihrer Handlungen lediglich das Interesse an der juristischen Person und ihren Zwecken.

IV.

In der EG. z. BGB. genannten Verlustliste der Einheit unseres bürgerlichen Rechtes findet sich auch ein Vorbehalt zugunsten der Einzelstaaten bezüglich ihrer Haftung für zu Schadenersatz verpflichtende Handlungen ihrer Beamten in Ausübung der ihnen anvertrauten öffentlichen Gewalt.

Die Motive zum Entwurf I haben in richtiger Würdigung der Entwicklung, [2]) welche der Gedanke der Ersatzpflicht des Staates

[1]) a. a. O. Bem. 3.

[2]) Die Anfänge dieser Entwicklung finden sich schon in den „Praktischen Ausführungen" Pfeiffers, sowie in dem von ihm beispielsweise angeführten Urteilen; vgl. ferner z. B. Seufferts Archiv Bd. I Nr. 166, Bd. III Nr. 257, Bd. V Nr. 281.

für Handlungen seiner Beamten genommen hat, die Ausdehnung der Vorschriften über die juristische Person, also auch des § 31 (§ 46 des Entwurfes) auf die öffentlichrechtlichen Korporationen verlangt; denn diese „von der Regelung auszunehmen, fehlt es abgesehen von der Schwierigkeit ihrer begrifflichen Angrenzung an ausreichenden Gründen".[1]) Allerdings haben die Motive gleichsam über ihre Kühnheit erschreckend, dieses auf durchaus richtigen Erwägungen beruhende Prinzip wieder eingeschränkt, indem sie aussprechen, daß „die öffentlichrechtliche Frage, ob und wieweit der Staat, bzw. eine Gemeinde denjenigen Schaden zu ersetzen habe, welchen ein Beamter bei Ausübung einer ihm anvertrauten öffentlichen Gewalt Dritten zufüge, unberührt bleibt und sich nach den Landesgesetzen beantwortet".[2])

Das Prinzip, wie wir es jetzt im BGB. finden, ist das Resultat der in diesem Punkte keineswegs große Einigkeit verratenden Kommissionsberatungen; denn erst durch den Stichentscheid[3]) des Vorsitzenden wurde der Mehrheitsbeschluß zustande gebracht, der einer wirklich modernen Rechtsanschauung den Weg in unser Zivilrecht verschloß. Die Erwägungen, welche zur Verneinung der vorliegenden Frage führten, können als stichhaltig nicht bezeichnet werden. Wenn es schon merkwürdig ist, daß es der Gesetzgebungskommission „höchst zweifelhaft erscheint, ob ein allgemeiner Rechtssatz aufgestellt werden könne, welcher eine für alle Fälle zutreffende Entscheidung verbürge, da die für die Haftung des Staates in Betracht kommenden Verhältnisse so verschiedener Art seien" so muß jener zweite und sicherlich für die Entscheidung der Frage bestimmende Grund, daß nämlich die Kodifikation des bürgerlichen Rechtes sich eines Eingreifens in diese Materie schon um deswillen enthalten muß, weil die Anerkennung der Haftpflicht aufs tiefste in das öffentliche Recht einschneiden würde und in ihrer Tragweite schwer übersehbare finanzielle Belastung zur Folge haben könnte,[4]) mehr als befremdend wirken. Vergleichen wir hierzu noch die Aeußerungen der Kommission, welche bei Beratung der Haftpflichtfrage des Staats für durch Pflichtverletzungen von Grundbuchbeamten entstandenen Schaden gemacht wurden, so muß man jene Begründung als direkt haltlos bezeichnen. Im Hinblick auf die hier erörterte Ablehnung der Haftung wird geltend gemacht, daß besondere Gründe die Haftung des Staates für Versehen der Grundbuchbeamten veranlaßt hätten, insbesondere seien finanzielle Gründe nicht maßgebend.[5])

Dem ist jedoch nicht so; wenn schon finanzielle Gründe bei der Entscheidung über die Haftung den Ausschlag geben sollen, so scheint gerade in den Fällen der bezeichneten Haftpflicht eine größere

---

[1]) Motive Bd. I S. 82.
[2]) Motive Bd. I S. 103, Bd. II S. 826.
[3]) Protokolle Bd. I S. 611.
[4]) Protokolle Bd. I S. 611.
[5]) Protokolle Bd. III S. 770.

Gefahr für das Wohl des Staatssäckels zu bestehen, schon deshalb, weil die Möglichkeit für das Eintreten der Haftung eine weit größere ist, als in vielen anderen Fällen.[1])

Die Protokolle, nach welchen für die Anerkennung der Haftung des Staates in diesem Falle begründete Zweifel nicht bestehen, führen an, daß es sich in den Fällen der „Amtstätigkeit der Grundbuchbeamten nicht um die Ausübung von Staatshoheitsrechten, sondern um die Beurkundung von Privatrechtsverhältnissen handle".[2])

Diese Erwägungen scheinen jedoch nicht auf richtiger Grundlage zu beruhen; ebenso wie z. B. die Gerichtshoheit ein Ausfluß der staatlichen Hoheitsrechte ist, ebenso kann auch die Tätigkeit des Staates, die er zur Regelung von bestimmten Rechtsverhältnissen aufwendet, wie auch in der freiwilligen Gerichtsbarkeit als nichts Anderes bezeichnet werden.[3]) Die Führung des Grundbuchs ist eine öffentlichrechtliche Einrichtung und dieser Charakter kann ihr nicht dadurch genommen werden, daß sie lediglich privatrechtlichen Zwecken dient.[4]) Auch die Theorie hat sich gegen jene Trennung im allgemeinen[5]) ausgesprochen, und es muß betont werden, daß ein Grund für jene Trennung der Haftung nicht vorliegt. Der Beamte, der die Schädigung veranlaßt, ist Träger der Staatsgewalt, des Staatswillens, sei es, daß er „Verträge abschließt, sei es, daß er Hoheitsrechte ausübt".[6])

Betrachten wir die Frage vom Standpunkt des Verletzten, so zeigt sich die Ungerechtigkeit der Scheidung in hohem Maße; denn für diesen ist es doch vollständig gleichgültig, ob er durch die Handlung eines Beamten, die dem öffentlichen oder privaten Rechtsleben zuzuteilen ist, verletzt ist; ferner muß in Erwägung gezogen werden, daß der Erfolg der Handlung selbst, auch wenn sie in Ausübung der den Beamten anvertrauten öffentlichen Gewalt geschehen ist, immer auf zivilrechtlichem Gebiete liegt.

Daß sich durch diese Scheidung der Haftpflicht des Staates nach privatem und öffentlichem Recht große Ungerechtigkeiten ergeben müssen, zeigt schon ein Blick auf die Ausführungsgesetze zum BGB., welche die einzelnen Staaten erlassen haben. Ein großer Teil derselben lehnt grundsätzlich, wie z. B. Preußen [7]), Anhalt [8]), die Haftung des Staates ab, während andre teils eine prinzipale

---

[1]) Vgl. den Wortlaut des § 12 GBO.

[2]) Protokolle Bd. III S. 769, 770.

[3]) RG. in Jur. Wschr. 1904 S. 85 Nr. 1.

[4]) Gierke in den Verhandlungen des 28. Deutschen Juristentages Bd. I S. 119.

[5]) So z. B. Eck a. a. O. S. 61, Klingmüller, S. 35 a. a. O. meint dagegen, daß jene ausgesprochene Scheidung richtig und durchführbar ist.

[6]) Hartwig a. a. O. S. 50 ff.

[7]) Pr. AG. z. BGB. Art. 89 Nr. 2.

[8]) Anhalt AG. z. BGB. § 32.

Haftung haben, z. B. Bayern[1]), Baden[2]), Württemberg[3]), teils eine subsidiäre, wie z. B. Elsaß-Lothringen[4]), Hessen.[5])

Je nach dem Staat, in dem sich das schädigende Ereignis abspielt, ist also der Schadenersatzanspruch des Geschädigten zu beurteilen und kann es sehr wohl vorkommen, daß die Klage, mit der derselbe unter Geltung des einen Ausführungsgesetzes durchdringt, in einem anderen Rechtsgebiete abgewiesen werden muß.[6]) Dies ist ein Zustand, der geradezu unerträglich ist, der zu einer höchst unsicheren und widerspruchsvollen Rechtsprechung führt, da diese naturgemäß, besonders die höheren Gerichtshöfe, bestrebt sind, die zutage tretenden Ungerechtigkeiten nach Möglichkeit zu mildern.[7])

Dieser Rechtszustand, der in seiner bunten Verschiedenartigkeit an die schönsten Zeiten unseres alten Deutschen Reiches erinnert, der dem nationalen Rechtsbewußtsein und der so mühsam erkämpften Einheit unseres Rechts geradezu Hohn spricht, gilt nicht bloß für die einzelnen Landesfisci, sondern selbstverständlich auch für den Fiskus des Deutschen Reiches; je nach dem Ort, an dem die schädigende Handlung, welche den Reichsfiskus verantwortlich macht, sich ereignet hat, haftet derselbe primär, subsidiär oder auch gar nicht.[8])

Die nach Art. 77 EG. z. BGB. festgesetzte Trennung der Haftpflicht nach privatem und öffentlichem Recht muß nicht nur als Ungerechtigkeit bezeichnet werden, sie ist vom Gesetzgebungsstandpunkt aus als verfehlt zurückzuweisen. De lege ferenda muß unbedingt darauf hingewiesen werden, daß eine Reform in dieser Beziehung dringend nötig ist und eine einheitliche Regelung der Haftpflicht des Staates durch Abänderung des Artikel 77 gefordert werden muß.[9])

Theorie und Praxis müssen sich einstweilen mit dem durch das Gesetz geschaffenen Zustand abfinden; dabei wird die Auslegung der Frage, welche Handlungen als „in Ausübung der öffentlichen Gewalt" begangen zu betrachten sind, große Schwierigkeiten machen und die Begeisterung für jenen Artikel 77 nicht gerade erhöhen.

Man wird also zu untersuchen haben, welche Handlungen des Beamten als in Ausübung des Hoheitsrechtes des Staates begangen, zu betrachten sind.

Hier wird nun der Grundsatz aufzustellen sein, daß der Beamte sich insoweit nicht in Ausübung der ihm anvertrauten öffent-

---

[1]) Bayern AG. z. BGB. Art. 60.
[2]) Württemberg AG. z. BGB. Art. 202—204.
[3]) Baden AG. z. BGB. Art. 5.
[4]) Elsaß-Lothringen AG. z. BGB. §§ 40—41.
[5]) Hessen AG. z. BGB. Art. 77—80.
[6]) Vgl. das äußerst instruktive Beispiel bei Gierke a. a. O. S. 132; ferner RG. B. 54 Nr. 56 S. 132, Oertmann, DJZ. S. 922 ff. 1906.
[7]) Gierke a. a. O. S. 130 ff.
[8]) Vgl. RG. B. 54 Nr. 56 S. 168; B. 55, Nr. 42 S. 171.
[9]) Gierke a. a. O. S. 143, vgl. Oertmann DJZ. 1906 S. 923 ff.

lichen Gewalt befindet, als seine Handlungen in das Gebiet der Verwaltung des Finanzvermögens, also in dessen Erhaltung, Verwahrung, Veräußerung, einschlagen, selbst wenn diese Tätigkeit durch die ihm anvertraute öffentliche Gewalt veranlaßt ist[1])

Alle die Handlungen, die von Beamten in Ausübung der Hoheitsrechte, welche man kurz mit dem allerdings veralteten Namen Regal bezeichnen kann, wie z. B. das Postmonopol, ausgeführt werden, sind unter die Vorschriften des Bürgerlichen Rechtes zu rechnen.[2])

Dagegen sind Handlungen von Beamten, welche ihnen als Inhabern der öffentlichen Gewalt obliegen, und zwar lediglich in dieser Eigenschaft, wie z. B. Anordnungen der Wohlfahrtspolizei oder des Strafvollzuges in einer Gefangenenanstalt, nach den Landesgesetzen zu beurteilen, selbst wenn diese Beamten, was ja meistens auch der Fall sein wird, Funktionen, die zwar in ihrem Amtsbereich liegen, aber privatrechtlicher Natur sind — z. B. der Gaskontrolleur einer Stadt — zu erfüllen haben.[3])

Ein Unterschied zwischen höheren und niederen Beamten kann bei Feststellung dieser Schadensersatzpflicht nicht gemacht werden, da ein jeder derselben, dem ein wenn auch noch so kleiner Teil der öffentlichen Gewalt anvertraut ist, als verfassungsmäßig berufener Vertreter der öffentlichrechtlichen juristischen Person anzusehen ist.

Das Gebiet der Handlungen, die als in öffentlichem Recht liegend bezeichnet werden können, ist also ein schwer zu erkennendes, die Grenzen derselben sind äußerst schwankende. Auch jener sehr beachtenswerte Versuch Hatscheks, der den Staat als solchen und in seiner Eigenschaft als Fiskus von einandertrennt, kommt nicht zu wirklichen Resultaten, da gerade in Zweifelsfällen auch diese äußerst gezwungene Scheidung versagt.[4])

So erscheint denn auch nicht bloß vom Standpunkt der Theorie, sondern auch von dem der Praxis, die sich mit dem gebotenen Gesetzesmaterial abfinden soll und muß, eine Reform der gesetzlichen Bestimmungen über die Haftung des Staates für die Handlungen seiner Beamten im Interesse einer gesunden Rechtsprechung erwünscht, und muß als dringend notwendig bezeichnet werden.

---

[1]) RG. B. 55, Nr. 42, S. 175; Gierke a. a. O. S. 116; Hatschek S. 469 ff. Die rechtliche Stellung des Fiskus, Verwaltungsarchiv 1899.
[2]) Urteil des OLG. Stuttgart ROLG. B 9 S. 22.
[3]) RG. in Jur. Wschr. 1904 S. 353 Nr. 1; S. 52 Nr. 1.
[4]) Hatschek a. a. O. S. 427, 436 ff 470, 472.

FSC
www.fsc.org
MIX
Papier | Fördert
gute Waldnutzung
FSC® C083411

Kolibri 360 GmbH
Ferdinand-Jühlke-Straße 7
99095 Erfurt, Deutschland
produktsicherheit@kolibri360.de